4주 완성 독해력

1단계

초등 1~2학년 권장

정답과 해설은 EBS 초등사이트(primary.ebs.co.kr)에서 다운로드 받으실 수 있습니다.

교재 내용 문의 교재 내용 문의는 EBS 초등사이트 (primary.ebs.co.kr)의 교재 Q&A 서비스를 활용하시기 바랍니다.

교재 정오표 공지 발행 이후 발견된 정오 사항을 EBS 초등사이트 정오표 코너에서 알려 드립니다. **교재 검색 ▶ 교재 선택 ▶ 정오표**

교재 정정 신청 공지된 정오 내용 외에 발견된 정오 사항이 있다면 EBS 초등사이트를 통해 알려 주세요. **교재 검색 ▶ 교재 선택 ▶ 교재 Q&A**

평생을 살아가는 힘, **문해력**을 키워 주세요!

문해력을 가장 잘 아는 EBS가 만든 문해력 시리즈

예비 초등 ~ 중학

문해력을 이루는 핵심 분야별/학습 단계별 교재

우리 아이의 **문해력 수준은?**

더욱 효과적인 문해력 학습을 위한
EBS 문해력 진단 테스트

등급으로 확인하는
문해력 수준

문해력 등급 평가

초1 - 중1

4주 완성
독해력
1단계
초등 1~2학년 권장

구성과 특징

4주 완성 독해력은

국어과 교육 과정의 읽기 내용 체계를 바탕으로 구성하였습니다.

- 국어 외에도 수학, 사회, 과학 등 여러 교과의 주제의 지문이 담겨 있습니다.
- 간편한 구성에 해설 강의까지 있어 혼자서도 학습하기 쉽습니다.
- 하루 4쪽 4주의 구성으로 규칙적인 학습이 가능하며 좋은 독해 습관을 기를 수 있습니다.

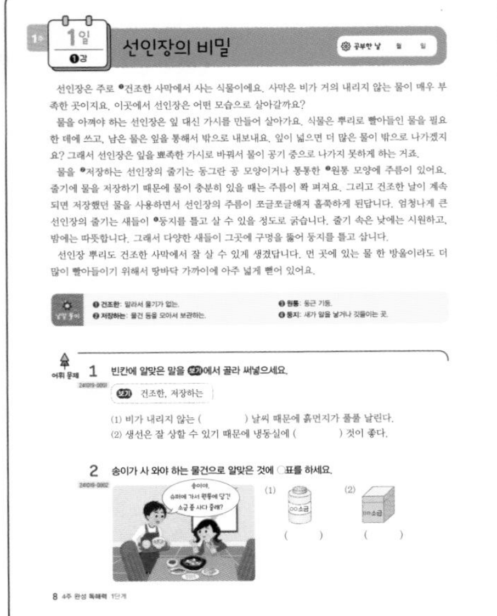

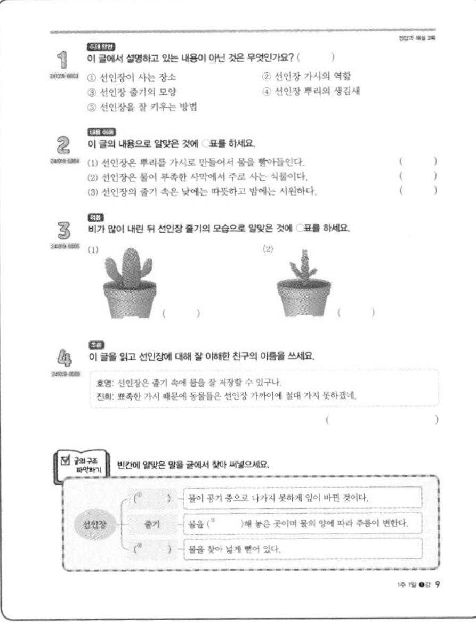

이 주의 학습 내용

한 주 동안 학습할 글들의 제목과 글에 대한 설명을 미리 살펴볼 수 있습니다. 학습 완료일과 맞은 문제 수를 적어 보세요. 완료 후 부모님이나 선생님께 확인을 받을 수 있습니다.

지문 & 어휘 문제

다양한 주제의 지문과 함께 어려운 낱말을 모아 뜻을 제시하였습니다. 더불어 글의 내용을 이해하는데 중요한 어휘에 대해 문제를 풀며 공부할 수 있습니다.

지문 문제 & 글의 구조 파악하기

지문에 대한 주제 확인, 내용 이해, 적용, 추론을 묻는 4개의 문제를 풀 수 있습니다. 지문의 내용을 요약하여 글의 구조를 파악할 수 있습니다.

마무리 학습

재미있는 활동을 통해 한 주 동안 배운 내용을 다시 떠올릴 수 있습니다.

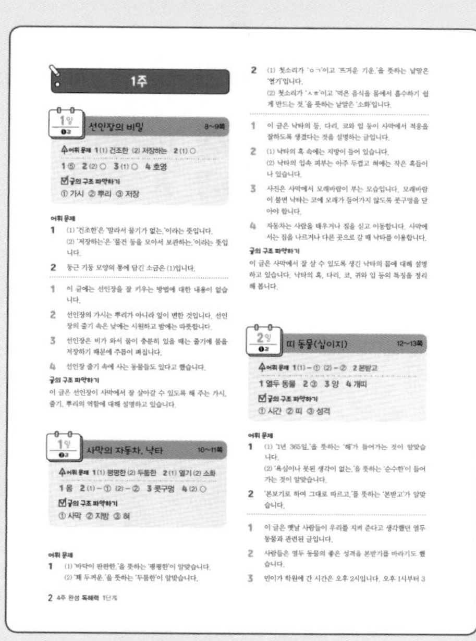

정답과 해설

정답과 해설을 분리하여 편리하게 정답을 확인할 수 있습니다.

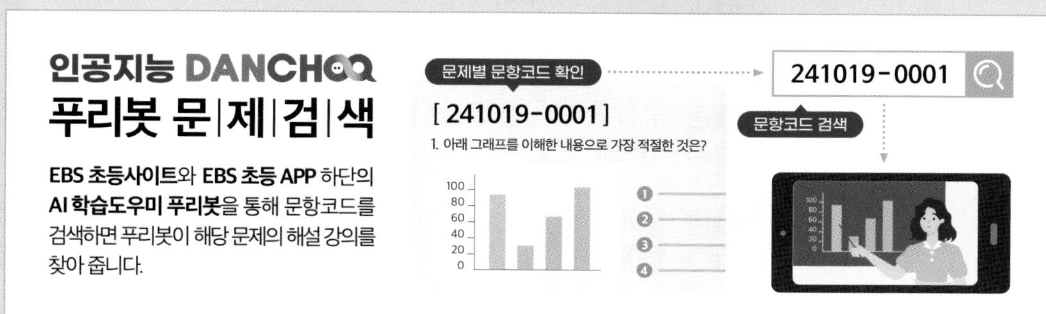

차례

1주

2주

3주

4주

학습 방법

	주제	학습 내용	학습 완료일
1일	과학	❶강 선인장의 비밀 사막에 사는 식물의 특징에 대해 설명하는 글입니다. ❷강 사막의 자동차, 낙타 사막에 사는 동물의 특징에 대해 설명하는 글입니다.	월 일 맞은 문제 수 개/12개 확인
2일	사회/수학	❶강 띠 동물(십이지) 십이지 동물과 띠에 대해 설명하는 글입니다. ❷강 어떤 시계를 사용했을까? 해시계, 물시계, '기계 시계 순서로 시계의 역사에 대해 설명하는 글입니다.	월 일 맞은 문제 수 개/12개 확인
3일	사회	❶강 미술관에 갔어요 도슨트의 설명으로 미술관 관람 예절에 대해 알려 주는 글입니다. ❷강 도서관에 갔어요 도서관 이용 방법과 규칙에 대해 알려 주는 글입니다.	월 일 맞은 문제 수 개/12개 확인
4일	수학	❶강 아라비아 숫자 아라비아 숫자의 유래와 장점에 대해 설명하는 글입니다. ❷강 홀수와 짝수 홀수와 짝수의 뜻을 밝히고, 홀수와 짝수를 이용한 구슬 놀이에 대해 설명하는 글입니다.	월 일 맞은 문제 수 개/12개 확인
5일	사회	❶강 한가위만 같아라 우리나라 대표 명절인 추석에 하는 일, 먹는 음식, 그 의미에 대해 설명하는 글입니다. ❷강 설날과 추석에 먹는 음식 설날에 먹는 떡국과 추석에 먹는 송편을 비교하면서 설명하는 글입니다.	월 일 맞은 문제 수 개/12개 확인

① 일별 **학습 내용**을 천천히 읽은 뒤, 예상 **학습 완료일**을 적어 보세요.

② 제목과 함께 지문의 내용을 읽으며 중요하다고 생각한 내용에 밑줄을 그어 보세요.

1일 ❶강 선인장의 비밀

③ 모르는 낱말에 체크를 한 뒤 지문 아래 **낱말 풀이**에서 그 뜻을 찾아보세요. 만약 **낱말 풀이**에서 찾을 수 없다면 국어사전을 이용해 보세요.

④ **어휘 문제**를 풀며 어휘가 어떻게 사용될 수 있는지 확인해 보세요.

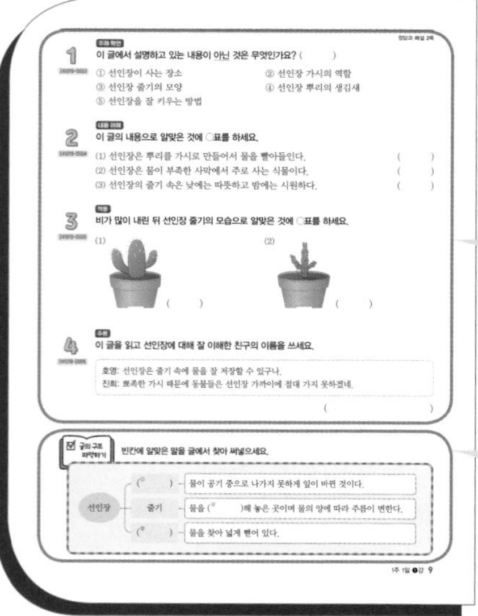

1 이 글에서 설명하고 있는 내용이 아닌 것은 무엇인가요? ( )

① 선인장이 사는 장소 ② 선인장 가시의 역할
③ 선인장 줄기의 모양 ④ 선인장 뿌리의 생김새
⑤ 선인장을 잘 키우는 방법

2 이 글의 내용으로 알맞은 것에 ○표를 하세요.

(1) 선인장은 뿌리를 가시로 만들어서 물을 빨아들인다. ( )
(2) 선인장은 물이 부족한 사막에서 주로 사는 식물이다. ( )
(3) 선인장의 줄기 속은 낮에는 따뜻하고 밤에는 시원하다. ( )

3 비가 많이 내린 뒤 선인장 줄기의 모습으로 알맞은 것에 ○표를 하세요.

(1) ( ) (2) ( )

4 이 글을 읽고 선인장에 대해 잘 이해한 친구의 이름을 쓰세요.

호영: 선인장은 줄기 속에 물을 잘 저장할 수 있구나.
진희: 뾰족한 가시 때문에 동물들은 선인장 가까이에 절대 가지 못하겠네.

( )

글의 구조 파악하기 빈칸에 알맞은 말을 글에서 찾아 써넣으세요.

⑤ **주제 확인, 내용 이해, 적용, 추론**으로 구성된 문제를 풀어 보며 지문의 내용을 깊이 이해해 보세요.

⑥ 지문의 내용이 충분히 이해가 되었다면, **글의 구조 파악하기**를 통해 내용을 정리하며 빈칸을 채워 보세요.

1주

주제	학습 내용	학습 완료일
1일 과학	❶강 선인장의 비밀 사막에 사는 식물의 특징에 대해 설명하는 글입니다. ❷강 사막의 자동차, 낙타 사막에 사는 동물의 특징에 대해 설명하는 글입니다.	월 일 맞은 문제 수 개/12개 확인
2일 사회/수학	❶강 띠 동물(십이지) 십이지 동물과 띠에 대해 설명하는 글입니다. ❷강 어떤 시계를 사용했을까? 해시계, 물시계, 기계 시계 순서로 시계의 역사에 대해 설명하는 글입니다.	월 일 맞은 문제 수 개/12개 확인
3일 사회	❶강 미술관에 갔어요 도슨트의 설명으로 미술관 관람 예절에 대해 알려 주는 글입니다. ❷강 도서관에 갔어요 도서관 이용 방법과 규칙에 대해 알려 주는 글입니다.	월 일 맞은 문제 수 개/12개 확인
4일 수학	❶강 아라비아 숫자 아라비아 숫자의 유래와 장점에 대해 설명하는 글입니다. ❷강 홀수와 짝수 홀수와 짝수의 뜻을 밝히고, 홀수와 짝수를 이용한 구슬 놀이에 대해 설명하는 글입니다.	월 일 맞은 문제 수 개/12개 확인
5일 사회	❶강 한가위만 같아라 우리나라 대표 명절인 추석에 하는 일, 먹는 음식, 그 의미에 대해 설명하는 글입니다. ❷강 설날과 추석에 먹는 음식 설날에 먹는 떡국과 추석에 먹는 송편을 비교하면서 설명하는 글입니다.	월 일 맞은 문제 수 개/12개 확인

선인장의 비밀

공부한 날 월 일

선인장은 주로 ❶건조한 사막에서 사는 식물이에요. 사막은 비가 거의 내리지 않는 물이 매우 부족한 곳이지요. 이곳에서 선인장은 어떤 모습으로 살아갈까요?

물을 아껴야 하는 선인장은 잎 대신 가시를 만들어 살아가요. 식물은 뿌리로 빨아들인 물을 필요한 데에 쓰고, 남은 물은 잎을 통해서 밖으로 내보내요. 잎이 넓으면 더 많은 물이 밖으로 나가겠지요? 그래서 선인장은 잎을 뾰족한 가시로 바꿔서 물이 공기 중으로 나가지 못하게 하는 거죠.

물을 ❷저장하는 선인장의 줄기는 동그란 공 모양이거나 통통한 ❸원통 모양에 주름이 있어요. 줄기에 물을 저장하기 때문에 물이 충분히 있을 때는 주름이 쫙 펴져요. 그리고 건조한 날이 계속되면 저장했던 물을 사용하면서 선인장의 주름이 쪼글쪼글해져 홀쭉하게 된답니다. 엄청나게 큰 선인장의 줄기는 새들이 ❹둥지를 틀고 살 수 있을 정도로 굵습니다. 줄기 속은 낮에는 시원하고, 밤에는 따뜻합니다. 그래서 다양한 새들이 그곳에 구멍을 뚫어 둥지를 틀고 삽니다.

선인장 뿌리도 건조한 사막에서 잘 살 수 있게 생겼답니다. 먼 곳에 있는 물 한 방울이라도 더 많이 빨아들이기 위해서 땅바닥 가까이에 아주 넓게 뻗어 있어요.

낱말 풀이

❶ **건조한**: 말라서 물기가 없는.
❷ **저장하는**: 물건 등을 모아서 보관하는.
❸ **원통**: 둥근 기둥.
❹ **둥지**: 새가 알을 낳거나 깃들이는 곳.

어휘 문제

1 **빈칸에 알맞은 말을 보기에서 골라 써넣으세요.**

241019-0001

보기 건조한, 저장하는

(1) 비가 내리지 않는 ( ) 날씨 때문에 흙먼지가 풀풀 날린다.
(2) 생선은 잘 상할 수 있기 때문에 냉동실에 ( ) 것이 좋다.

2 **송이가 사 와야 하는 물건으로 알맞은 것에 ○표를 하세요.**

241019-0002

(1)
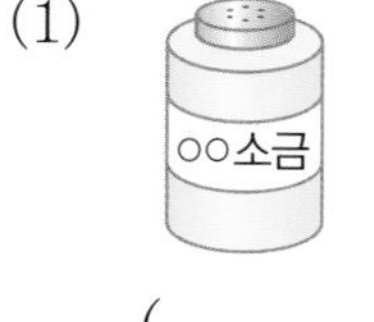

( )

(2)
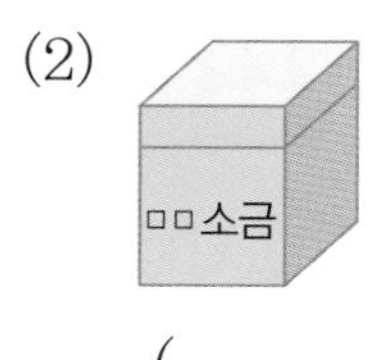

( )

주제 확인

1

241019-0003

이 글에서 설명하고 있는 내용이 아닌 것은 무엇인가요? (　　　　)

① 선인장이 사는 장소　② 선인장 가시의 역할
③ 선인장 줄기의 모양　④ 선인장 뿌리의 생김새
⑤ 선인장을 잘 키우는 방법

내용 이해

2

241019-0004

이 글의 내용으로 알맞은 것에 ○표를 하세요.

(1) 선인장은 뿌리를 가시로 만들어서 물을 빨아들인다. (　　　　)
(2) 선인장은 물이 부족한 사막에서 주로 사는 식물이다. (　　　　)
(3) 선인장의 줄기 속은 낮에는 따뜻하고 밤에는 시원하다. (　　　　)

적용

3

241019-0005

비가 많이 내린 뒤 선인장 줄기의 모습으로 알맞은 것에 ○표를 하세요.

(1)

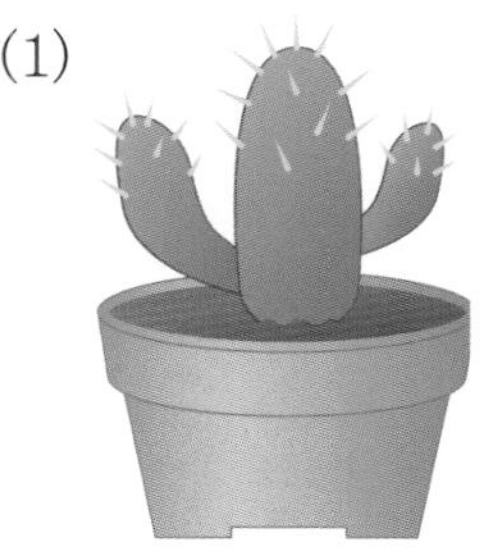

(　　　　)

(2)

(　　　　)

추론

4

241019-0006

이 글을 읽고 선인장에 대해 잘 이해한 친구의 이름을 쓰세요.

호영: 선인장은 줄기 속에 물을 잘 저장할 수 있구나.
진희: 뾰족한 가시 때문에 동물들은 선인장 가까이에 절대 가지 못하겠네.

(　　　　　　　　)

글의 구조 파악하기　빈칸에 알맞은 말을 글에서 찾아 써넣으세요.

선인장	(①　　　)	물이 공기 중으로 나가지 못하게 잎이 바뀐 것이다.
	줄기	물을 (③　　　)해 놓은 곳이며 물의 양에 따라 주름이 변한다.
	(②　　　)	물을 찾아 넓게 뻗어 있다.

사막의 자동차, 낙타

공부한 날 월 일

사막에 사는 사람들은 짐을 나르거나 다른 곳으로 갈 때 낙타를 이용해요. 낙타는 사막에서 잘 살 수 있는 몸을 가지고 있기 때문이에요. 그래서 '사막의 자동차'라는 별명도 가지고 있어요.

낙타의 등에는 ❶지방이 들어 있는 혹이 있어요. 낙타가 물이나 먹이를 못 먹게 되면 혹 속의 지방이 물이나 영양소로 바뀌어요. 그럴 때는 혹이 점점 작아져요.

낙타의 다리는 길쭉해서 몸통이 높아요. 사막의 모래는 햇볕에 데워져서 아주 뜨거워요. 이렇게 뜨거워도 다리가 긴 낙타는 모래의 열기를 덜 느껴요. 또 발바닥이 ❷두툼하고 평평해서 푹푹 빠지는 뜨거운 모래 위를 잘 걸어요.

낙타의 코와 입, 눈과 귀는 사막의 거센 모래바람을 막을 수 있어요. 모래바람이 불 때 좁고 긴 콧구멍을 ❸여닫을 수 있어요. 콧구멍과 입을 동시에 닫을 수도 있어요. 또 속눈썹이 아주 길고 귀에는 털이 나 있어서 모래가 눈이나 귀로 들어가지 않도록 해요.

낙타의 입속 피부는 아주 두껍고 혀에는 작은 혹들이 나 있어요. 그래서 낙타는 선인장, 나뭇가지 등도 다치지 않고 먹을 수 있어요. 또 소처럼 여러 개의 위로 ❹되새김질을 하기 때문에 딱딱한 나뭇가지를 잘 소화하는 거예요.

낱말 풀이

❶ **지방**: 동물이나 식물에 들어 있는 기름.
❷ **두툼하고**: 꽤 두껍고.
❸ **여닫을**: 열고 닫을.
❹ **되새김질**: 소나 염소 등의 동물이 한번 삼킨 먹이를 다시 입안에 내어서 씹는 것.

어휘 문제

1 **다음 문장에 알맞은 낱말을 골라 ○표를 하세요.**

241019-0007

(1) 꽃병은 (평평한 , 울퉁불퉁한) 곳에 놓아야 한다.
(2) 언니가 읽는 (얇은 , 두툼한) 책은 한 손으로 들기 힘들다.

2 **첫소리를 보고 주어진 뜻에 알맞은 낱말을 쓰세요.**

241019-0008

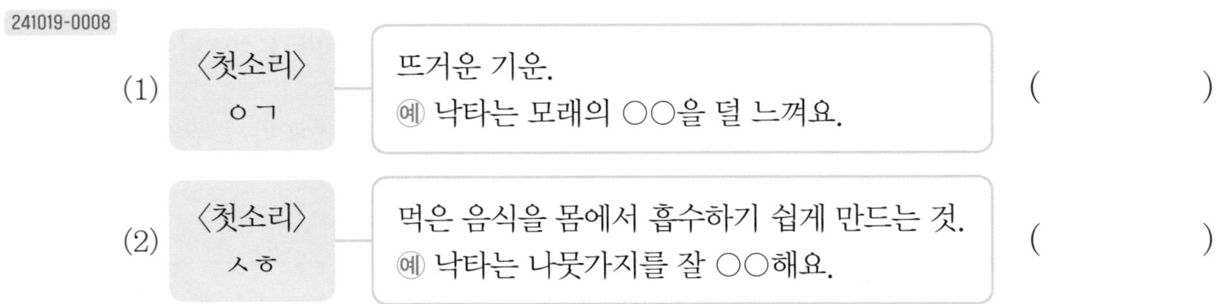

주제 확인

1 이 글에서 설명하는 내용은 무엇인지 빈칸에 알맞은 말을 글에서 찾아 쓰세요.

241019-0009

낙타는 사막 생활에 적당한 □을 가지고 있다.

( )

내용 이해

2 낙타의 몸과 그 특징을 알맞게 선으로 이으세요.

241019-0010

(1) 낙타의 혹 • • ① 지방이 들어 있다.

(2) 낙타의 입속 • • ② 피부는 아주 두껍고 혀에는 작은 혹들이 나 있다.

적용

3 다음과 같은 날씨가 되면 낙타는 어떻게 하는지 빈칸에 알맞은 말을 써넣으세요.

241019-0011

낙타는 모래바람이 불면 (　　　　　)과 입을 동시에 닫는다.

추론

낙타를 '사막의 자동차'라고 하는 까닭으로 알맞은 것에 ○표를 하세요.

241019-0012

(1) 사막을 달리는 자동차와 생김새가 비슷하기 때문이다. ( )

(2) 사막에서 사람을 태우거나 짐을 싣고 먼 거리를 갈 수 있기 때문이다. ( )

빈칸에 알맞은 말을 글에서 찾아 써넣으세요.

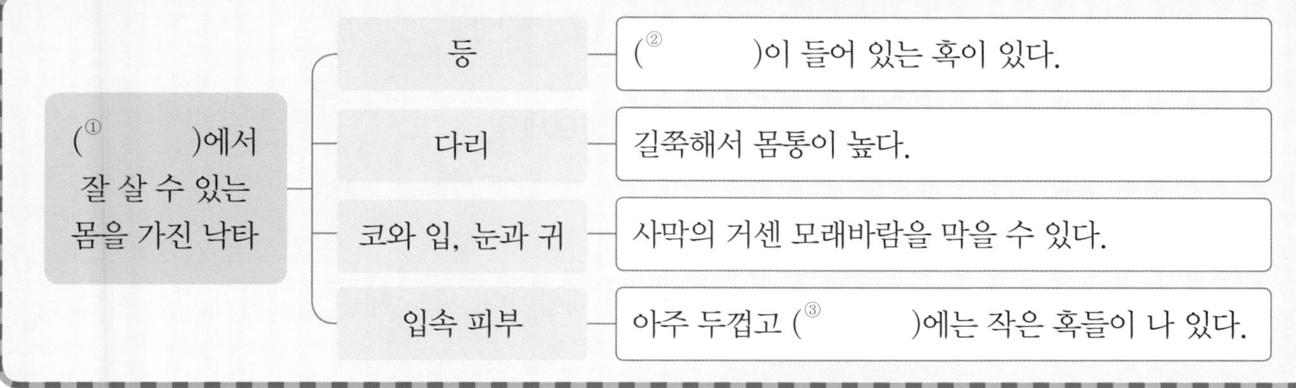

2일
❶강

띠 동물(십이지)

우리나라에는 옛날부터 해마다 그 ❶해를 지키고 대표하는 열두 동물이 있어요. 열두 동물은 쥐, 소, 호랑이, 토끼, 용, 뱀, 말, 양, 원숭이, 닭, 개, 돼지예요. 이런 순서로 해마다 동물이 바뀌는 것이지요. 만약 작년이 돼지의 해였다면 올해는 쥐의 해가 됩니다. 이렇게 해가 돌아가다 보면 12년마다 다시 같은 동물의 해가 돼요.

사람이 태어나면 그 해의 동물이 나의 '띠'가 돼요. 용의 해에 태어나면 용띠가 되고, 개의 해에 태어나면 개띠가 되는 거예요. 그래서 같은 해에 태어난 사람들은 대부분 같은 띠를 가지고 있어요. 우리 반 친구들끼리 같은 띠가 많은 이유가 바로 이 때문입니다.

옛날에는 다음의 표처럼 열두 동물이 시간을 나누어 맡아 지킨다고도 생각했어요.

밤 11시~오전 1시	오전 1시~3시	오전 3시~5시	오전 5시~7시	오전 7시~9시	오전 9시~11시
쥐	소	호랑이	토끼	용	뱀
오전 11시~오후 1시	오후 1시~3시	오후 3시~5시	오후 5시~7시	오후 7시~9시	밤 9시~11시
말	양	원숭이	닭	개	돼지

사람들은 그 띠를 가진 사람들에게 열두 동물의 좋은 성격을 ❷본받기를 바라기도 했어요. ❸예를 들면 개띠인 사람에게는 밝은 성격으로 친구들을 잘 사귀기를 바라고, 돼지띠인 사람에게는 ❹순수하고 다른 사람을 잘 이해하기를 바랐어요.

낱말 풀이

❶ **해**: 지구가 태양을 한 바퀴 도는 동안. 1년 365일.
❷ **본받기**: 본보기로 하여 그대로 따르기.
❸ **예**: 본보기가 될 만한 사물.
❹ **순수하고**: 욕심이나 못된 생각이 없고.

어휘 문제

1 다음 문장의 빈칸에 알맞은 낱말을 선으로 이으세요.

241019-0013

(1) [　　　]가 바뀌면 나는 아홉 살이 된다. •　　• ① 해

(2) 그 화가는 어린이처럼 [　　　] 마음을 가졌다. •　　• ② 순수한

2 빈칸에 알맞은 낱말을 보기에서 골라 써넣으세요.

241019-0014

보기 돕고, 본받고, 지키고

내가 (　　　　) 싶은 인물은 세종 대왕이다. 나도 세종 대왕처럼 다른 사람을 돕는 일을 하고 싶다.

1

241019-0015

주제 확인

이 글에서 설명하는 내용은 무엇인지 빈칸에 알맞은 말을 글에서 찾아 쓰세요.

우리나라에는 옛날부터 그 해를 지키고 대표하는 □□ □□이 있다.

( )

2

241019-0016

내용 이해

이 글의 내용으로 알맞지 않은 것은 무엇인가요? ( )

① 12년이 지나면 같은 동물의 해가 온다.
② 사람이 태어나면 그 해의 동물이 나의 '띠'가 된다.
③ 열두 동물의 성격을 따르지 않기를 바라기도 했다.
④ 옛날 사람들은 열두 동물이 시간을 나누어서 지킨다고 생각했다.
⑤ 열두 띠의 순서는 쥐, 소, 호랑이, 토끼, 용, 뱀, 말, 양, 원숭이, 닭, 개, 돼지이다.

3

241019-0017

적용

민이가 학원에 간 시간은 어떤 동물이 지키는 시간인지 동물의 이름을 쓰세요.

민이의 시간표	시간	오전 9시	오후 2시	오후 8시
	하는 일	학교 가기	학원 가기	동생과 놀기

( )

241019-0018

추론

보기를 읽고, 현이의 띠는 무엇인지 생각하여 쓰세요.

보기 현이 오빠는 원숭이띠이다. 현이 오빠는 현이와 두 살 차이가 난다.

( )

글의 구조 파악하기 빈칸에 알맞은 말을 글에서 찾아 써넣으세요.

열두 동물

- 쥐, 소, 호랑이, 토끼, 용, 뱀, 말, 양, 원숭이, 닭, 개, 돼지
- (①)을 나누어 맡아 지킨다고 생각한다.
- 사람이 태어나면 그 해의 동물이 나의 (②)가 된다.
- 열두 동물의 좋은 (③)을 본받기를 바란다.

어떤 시계를 사용했을까?

공부한 날 월 일

시계는 우리에게 시각을 알려 줘요. 시계를 보고 몇 시인지 확인하여 학교에 늦지 않게 갈 수 있고, 친구와의 약속도 잘 지킬 수 있어요. 이렇게 중요한 시각을 알기 위해 우리는 기계 시계를 사용하는데 옛날에는 어떤 시계를 사용했을까요?

처음으로 만들어진 시계는 약 6천 년 전에 이집트에서 만든 해시계예요. 해시계는 태양의 위치에 따라 그림자가 변화하는 것을 보고 시간을 재는 시계예요. 막대를 땅 위에 세워 놓고 그림자가 움직이는 것을 관찰해서 시간을 쟀어요. 해시계는 [㉠]이/가 좋지 않을 때나 [㉡]에는 시간을 알 수 없었기 때문에 물시계가 만들어졌어요.

우리나라에서도 장영실이 해시계 '앙부일구'와 물시계 '자격루'를 발명했어요. '앙부일구'는 하늘을 ❶떠받드는 가마솥처럼 ❷오목한 모양의 해시계라는 뜻이에요. 해시계를 볼 수 없는 때에 시각을 알기 위해서 물시계도 만들었어요. 물시계는 물의 높이가 달라지면 ❸잣대의 눈금을 보고 읽은 시각을 종을 쳐서 알리는 것이죠. 그런데 누군가가 눈금을 계속 지켜봐야 해서 힘든 일이었어요. 그래서 물의 높이에 따라 구슬이 떨어지면서 종을 쳐서 시각을 알리는 자동 물시계 '자격루'를 ❹발명한 것이에요.

물시계 다음으로는 긴바늘, 짧은바늘, 초바늘이 있는 기계 시계를 사용하게 되었어요. 몇 시, 몇 분, 몇 초까지 정확하게 시간을 알 수 있게 된 것이지요.

낱말 풀이

❶ **떠받드는**: 밑을 받치어 번쩍 들어 위로 올리는.
❷ **오목한**: 가운데가 둥글고 깊게 들어간.
❸ **잣대**: 자로 쓰는 나무 막대기.
❹ **발명한**: 이제까지 없던 기술이나 물건을 새로 만들어 낸.

어휘 문제

1 빈칸에 알맞은 낱말을 보기에서 골라 써넣으세요.

241019-0019

보기: 오목한, 납작한, 발명하여, 발견하여

(1) 국은 (   ) 그릇에 떠야 흐르지 않는다.
(2) 이순신 장군은 거북선을 (   ) 전쟁을 승리로 이끌었다.

2 다음 그림과 낱말을 알맞게 선으로 이으세요.

241019-0020

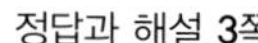
정답과 해설 3쪽

1 **주제 확인**
241019-0021

이 글의 중심 내용으로 알맞은 것은 무엇인가요? (　　　　)

① 시계가 우리에게 필요한 까닭
② 시계를 발명한 장영실의 훌륭한 점
③ 옛날부터 지금까지 발전해 온 시계
④ 시계가 이집트 사람에게 중요한 까닭
⑤ 기계 시계를 이용해서 시간을 정확하게 아는 방법

2 **내용 이해**
241019-0022

시계와 시계의 종류를 알맞게 선으로 이으세요.

(1) 자격루 •　　　　• ① 해시계

(2) 앙부일구 •　　　　• ② 물시계

적용
241019-0023

다음 그림과 같은 시계의 종류를 글에서 찾아 쓰세요.

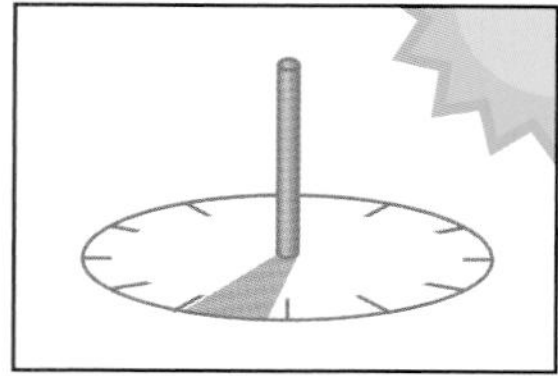

(　　　　　　　　　　)

추론
241019-0024

㉠과 ㉡에 알맞은 말을 보기에서 골라 쓰세요.

보기 밤, 낮, 날씨, 그림자

(1) ㉠: (　　　　　　　　　　)　　(2) ㉡: (　　　　　　　　　　)

글의 구조 파악하기 빈칸에 알맞은 말을 글에서 찾아 써넣으세요.

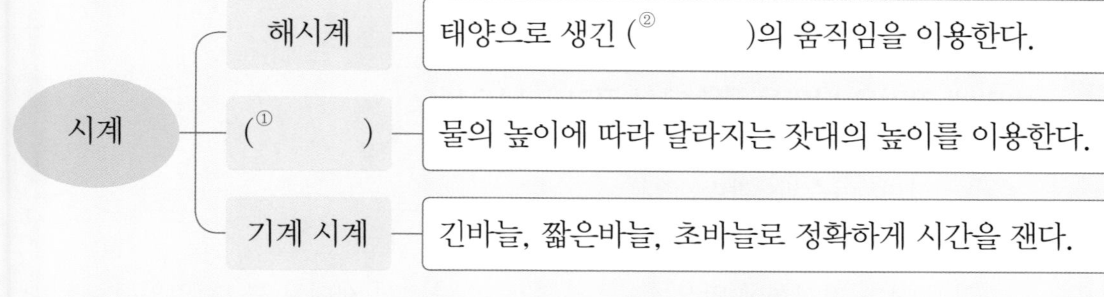

1주 3일 ❶강

미술관에 갔어요

공부한 날 월 일

어린이 여러분, 안녕하세요? 저는 미술관에서 화가와 미술 작품을 소개하는 ❶전시 해설사입니다. '도슨트'라고도 하지요. 미술관에 와서 미술 작품만 ❷감상하면 어렵거나 지루할 수도 있어요. 그래서 도슨트는 화가에 대해 소개도 하고, 미술 작품에 대한 설명도 해 주어서 ❸관람객들이 좀 더 흥미롭게 감상하도록 도와주는 일을 하는 거예요. 자, 이제 여러분이 미술관과 친해지기를 바라는 마음으로 미술 전시를 재미있게 관람하는 방법을 알려 드릴게요.

미술관에 오기 전에는 관람할 전시 내용을 미리 조사해 보고 오는 것이 좋아요. 전시 소개 영상을 보거나 화가에 대한 책을 읽고 오면 도움이 된답니다. 도슨트가 미술 작품을 설명하는 시간에 맞춰서 오면 더 도움이 되겠지요.

관람 예절을 지키는 것도 잊지 마세요. 미술관에 들어가기 전에는 휴대 전화를 ❹진동으로 하거나 전원을 꺼요. 또 큰 소리로 떠들거나 뛰어다니면 다른 관람객에게 피해를 줄 수 있어요. 사진을 찍도록 허락되지 않는 미술 작품의 사진을 찍으면 안 돼요. 미술 작품을 손으로 만져도 안 돼요.

도슨트의 설명을 들으며 미술 작품을 감상하는 것도 좋아요. 혼자 작품을 볼 때 알 수 없는 점을 도슨트를 통해 알 수 있게 돼요. 미술관에 오면 꼭 도슨트의 해설을 들어 보세요.

낱말 풀이

❶ **전시**: 여러 가지 물품을 한곳에 벌여 놓고 보임.
❷ **감상하면**: 예술 작품을 이해하여 즐기고 평가하면.
❸ **관람객**: 공연이나 전시회 등을 구경하는 사람.
❹ **진동**: 흔들려 움직임.

어휘 문제

1 다음 문장의 빈칸에 알맞은 낱말을 선으로 이으세요.

241019-0025

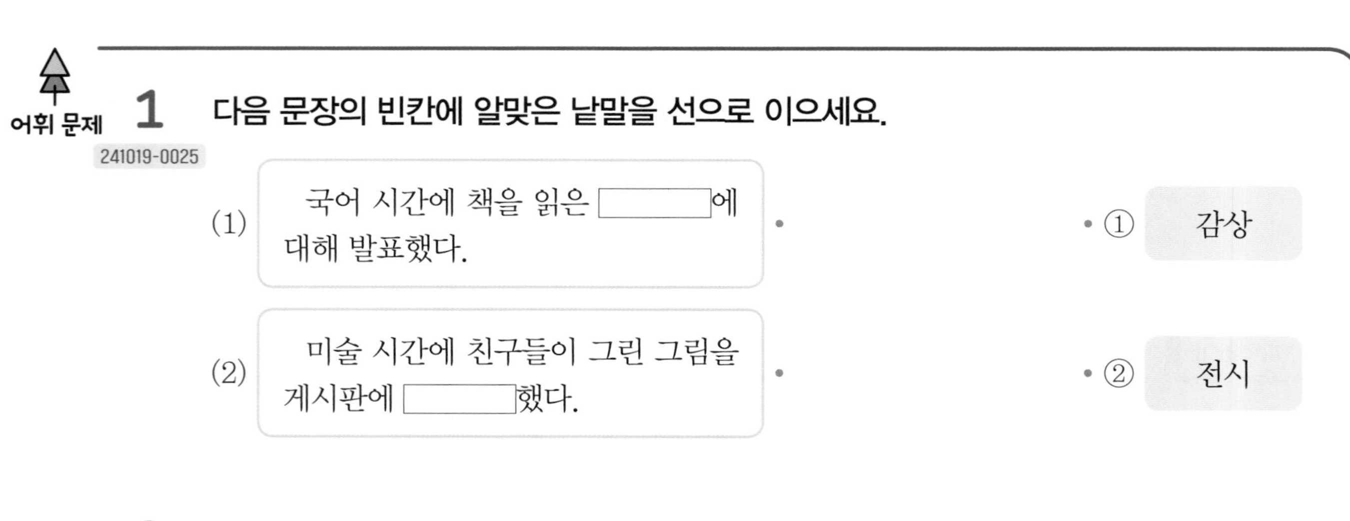

(1) 국어 시간에 책을 읽은 [ ]에 대해 발표했다. • • ① 감상

(2) 미술 시간에 친구들이 그린 그림을 게시판에 [ ]했다. • • ② 전시

2 빈칸에 알맞은 낱말을 보기에서 골라 써넣으세요.

241019-0026

보기 설명, 미술관, 관람객

그림책 작가 전시회에 많은 (   )이 몰려서 제대로 볼 수 없었다.

정답과 해설 3쪽

주제 확인

1 이 글의 중심 내용은 무엇인지 빈칸에 알맞은 말을 글에서 찾아 쓰세요.

241019-0027

□□□에서 재미있게 관람하는 방법

(   )

내용 이해

2 다음 설명을 읽고, 어떤 낱말을 뜻하는지 첫소리를 참고하여 글에서 찾아 쓰세요.

241019-0028

미술관에서 화가와 미술 작품에 대해 설명해 주는 사람이다. 화가에 대해 소개해 주고, 작품에 숨겨져 있는 내용도 알려 준다. 관람객이 그림에 대해 흥미를 갖게 도와준다.

〈첫소리〉 ㄷㅅㅌ

(   )

적용

3 전시하고 있는 미술 작품을 보러 미술관에 가려고 합니다. 알맞지 않은 내용은 무엇인가요?

241019-0029

(   )

① 미술 작품은 눈으로만 보아야 한다.
② 허락된 미술 작품만 사진으로 찍을 수 있다.
③ 조용하고 차분하게 미술 작품을 감상해야 한다.
④ 휴대 전화 소리는 다른 사람에게 방해가 될 수 있다.
⑤ 전시 내용을 미리 알고 가면 흥미가 떨어질 수 있다.

추론

미술관에서 볼 수 있는 안내 표지판과 그 내용을 알맞게 선으로 이으세요.

241019-0030

(1)  •   • ① 사진을 찍지 마세요.

(2)  •   • ② 손대지 마시고 눈으로만 보세요.

빈칸에 알맞은 말을 글에서 찾아 써넣으세요.

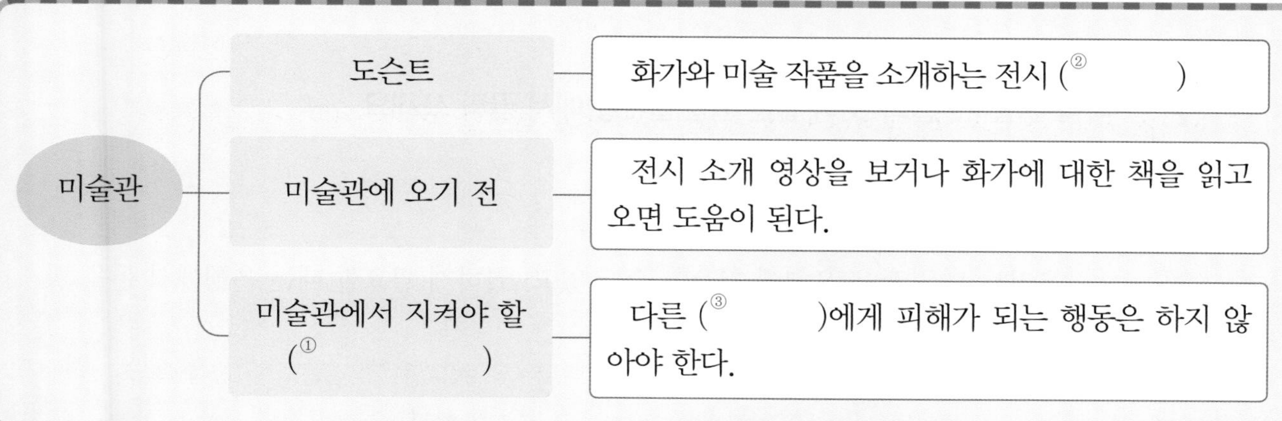

1주 3일 ❷강

도서관에 갔어요

공부한 날 월 일

(㉠)에서 우리는 책을 읽거나 ❶대출하고 ❷반납할 수 있어요. 이러한 도서관은 많은 사람이 함께 사용하기 때문에 규칙을 잘 지켜야 해요.

도서관에 들어가기 전에 도서 대출증을 챙겼는지 확인해요. 과자나 음료수 등 음식은 먹을 수 없으니 가지고 가지 않아요.

도서관에 들어가면 읽고 싶은 책을 책꽂이에서 골라요. 책 이름을 알고 있을 때는 컴퓨터로 ❸검색해서 위치를 확인할 수 있어요. 책 찾기가 어려우면 사서 선생님께 여쭈어보아요.

책을 읽을 때는 소리 없이 눈으로 읽고, 책을 깨끗하게 읽어야 해요. 책장을 넘길 때 손가락에 침을 바르거나, 책에 밑줄을 치거나, 책을 구기지 않도록 주의해요. 여러 사람이 함께 조용히 책을 읽고 있으니 되도록 소리를 내지 않고 움직여요.

책을 다 읽으면 의자를 바르게 집어넣고 읽은 책을 모아 두는 장소에 가져다 놓아요. 책을 빌려 가고 싶다면 도서 대출증과 책을 사서 선생님께 내밀고 바코드를 찍어야 해요. 책을 반납해야 하는 날짜를 꼭 확인해요. 반납이 늦으면 다음에 책을 빌릴 수 없어요.

낱말 풀이

❶ **대출하고**: 돈이나 물건을 빌리거나 빌려주고.
❷ **반납할**: 빌리거나 받은 것을 도로 돌려줌.
❸ **검색해서**: 책이나 컴퓨터에 들어 있는 자료 중 필요한 자료를 찾아내서.

어휘 문제

1 **다음 문장에 알맞은 낱말을 골라 ○표를 하세요.**

241019-0031

(1) 도서관에서 빌린 책은 일주일 안에 (대출 , 반납)해야 한다.
(2) 공부할 때 인터넷 (검색 , 게임)을 하면 필요한 내용을 찾을 수 있다.

2 **다음 밑줄 친 말과 뜻이 같은 낱말을 보기에서 골라 쓰세요.**

241019-0032

보기 저금할, 대출할, 구입할

우리는 모은 돈을 은행에 저축할 수도 있고, 급하게 필요할 때는 은행에서 돈을 빌릴 수도 있다.

( )

정답과 해설 3쪽

1 주제 확인

241019-0033

㉠에 알맞은 말을 글에서 찾아 세 글자로 쓰세요.

( )

2 내용 이해

241019-0034

도서관에서 할 수 있는 일에 모두 ○표를 하세요.

(1) 책을 접는다. ( )
(2) 책 이름을 검색한다. ( )
(3) 책을 빌린다. ( )
(4) 책을 소리 내어 읽는다. ( )
(5) 책을 반납한다. ( )
(6) 책을 보며 사탕을 먹는다. ( )

3 적용

241019-0035

빈칸에 알맞은 말을 보기에서 골라 각각 써넣으세요.

보기
음식
조용히
반납일

도서관 안내문
- 책을 깨끗하게 읽어요.
- 도서관에서는 (①)을 먹지 않아요.
- 다른 사람에게 방해가 되지 않도록 (②) 해요.
- 대출한 책은 (③)을 잘 지켜요.

4 추론

241019-0036

성우가 책을 빌릴 수 없는 까닭으로 알맞은 것은 무엇인가요? ( )

① 책을 검색했다.
② 빌린 책을 찢었다.
③ 빌릴 책을 찾지 못했다.
④ 도서관에서 큰 소리로 떠들었다.
⑤ 빌린 책을 반납일까지 반납하지 않았다.

글의 구조 파악하기 빈칸에 알맞은 말을 글에서 찾아 써넣으세요.

도서관 규칙
- 도서관에 들어가기 전 — (①)을 챙겼는지 확인한다.
- 도서관에 들어가면 — 읽고 싶은 (②)을 고른다.
- 도서관에서 책을 읽을 때 — (③) 없이 눈으로 읽는다.

아라비아 숫자

🌼 공부한 날 월 일

숫자는 달력의 날짜, 시계의 숫자, 엘리베이터 층수 등 우리 생활 곳곳에 있어요. 숫자는 수를 나타내기 위해 사람들이 약속하여 사용하는 ❶기호예요. 세계 각 나라마다 읽는 방법은 다르지만 함께 쓰는 숫자가 있지요. 바로 0, 1, 2, 3, 4, 5, 6, 7, 8, 9라는 아라비아 숫자랍니다.

0, 1, 2, 3, 4, 5, 6, 7, 8, 9는 아라비아 숫자라고 불리지만 실제로 이 숫자를 만든 사람은 아라비아 사람이 아닌 인도 사람이에요.

아라비아 상인이 이 숫자를 널리 ❷퍼트렸기 때문에 인도 숫자가 아닌 아라비아 숫자라고 부르는 거예요. 이 외에도 로마 숫자나 한자 숫자도 있어요.

아라비아 숫자	1	2	3	4	5	6	7	8	9	10
로마 숫자	Ⅰ	Ⅱ	Ⅲ	Ⅳ	Ⅴ	Ⅵ	Ⅶ	Ⅷ	Ⅸ	Ⅹ
한자 숫자	一	二	三	四	五	六	七	八	九	十

로마 숫자나 한자 숫자는 아라비아 숫자와 달리 수가 늘어날 때마다 새로운 숫자를 만들어야 했고 0을 사용할 수 없어서 ❸불편했어요. 하지만 아리비아 숫자는 아무리 큰 수라도 0부터 9까지의 숫자를 이용하여 모두 나타낼 수 있었어요. 그래서 오늘날에는 편리한 아라비아 숫자를 사용하게 되었답니다. 수를 쓰고 계산하기에 편리한 아라비아 숫자가 없었다면 과학과 수학은 지금처럼 발전할 수 없었을 거예요.

❶ **기호**: 어떤 뜻을 나타내기 위해 쓰는 여러 가지 표시.
❷ **퍼트렸기**: 널리 알려 알게 하였기. 널리 퍼지게 하였기.
❸ **불편했어요**: 어떤 일을 하거나 무엇을 이용하기가 쉽지 않고 편하지 않았어요.

어휘 문제

1 **다음 문장의 빈칸에 알맞은 낱말을 선으로 이으세요.**

241019-0037

(1) 덧셈식을 쓸 때는 덧셈 [　　　]인 '+'를 써야 한다. • • ① 기호

(2) 비가 와서 우산도 들었는데 짐이 많아서 [　　　]했다. • • ② 불편

2 **빈칸에 알맞은 낱말을 보기에서 골라 써넣으세요.**

241019-0038

보기 불렀다, 감췄다, 약속했다, 퍼트렸다

진아가 재미있는 실뜨기 놀이를 우리 반에 (　　　　).

1 **주제 확인**

241019-0039

다음과 같은 숫자의 이름을 글에서 찾아 쓰세요.

0, 1, 2, 3, 4, 5, 6, 7, 8, 9

(　　　　　　　　　　)

2 **내용 이해**

241019-0040

이 글의 내용으로 알맞은 것에 ○표를 하세요.

(1) 아라비아 숫자는 아라비아 사람이 만들었다. (　　　)

(2) 아라비아 숫자는 세계 각 나라마다 읽는 방법이 다르다. (　　　)

3 **적용**

241019-0041

빈칸에 알맞은 아라비아 숫자를 글에서 찾아 쓰세요.

三	五	Ⅵ	Ⅸ
(1)	(2)	(3)	(4)

4 **추론**

241019-0042

다음 대화의 빈칸에 알맞은 말은 무엇인가요? (　　　　)

이 많은 것을 숫자로 어떻게 나타내지요?

걱정 말게. 아라비아 숫자는 ☐

① 로마 숫자와 쓰는 방법이 거의 같다네.
② 0만 빼고는 어떤 수도 다 표현할 수 있네.
③ 수가 늘어날 때마다 숫자를 만들면 된다네.
④ 나라마다 읽는 방법이 같으니 글로 쓰면 된다네.
⑤ 0부터 9까지의 숫자로 모든 수를 표현할 수 있다네.

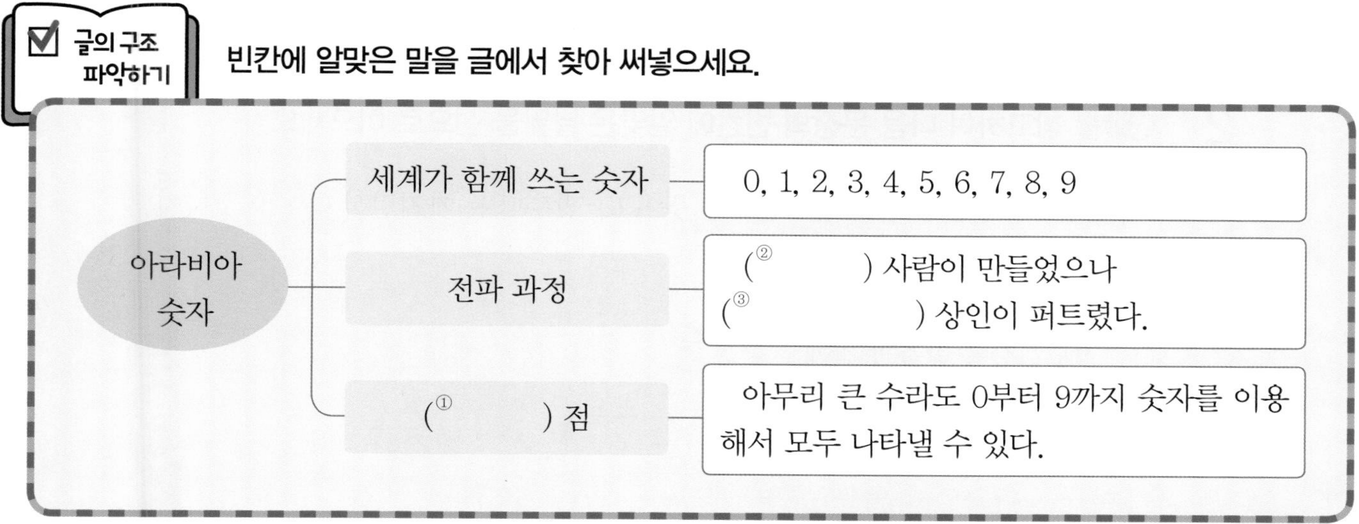

홀수와 짝수

공부한 날 월 일

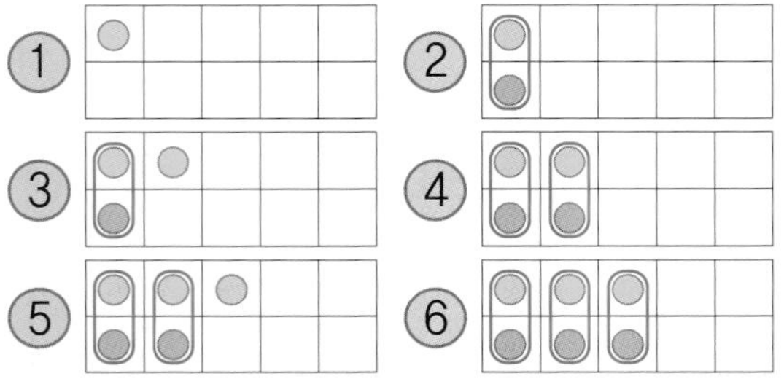

학교에서 친구들과 둘씩 짝을 지어 앉지요? 모든 친구들이 둘씩 짝이 될 수도 있고, 둘씩 짝을 짓고 한 명이 남을 때도 있어요.

둘씩 짝이 지어지지 않는 수를 홀수라고 해요. 친구 3명을 둘씩 짝 지어 보면 한 ❶쌍이 만들어지고 친구 1명이 남아요. 홀수는 둘씩 묶었을 때 짝을 지을 수 없는 수로, 1, 3, 5, 7, 9, 11……이 있어요. 1도 둘씩 짝 지을 수 없기 때문에 홀수예요.

둘씩 짝이 지어지는 수를 짝수라고 해요. 친구 4명을 둘씩 짝 지어 보면 두 쌍이 만들어지고 남는 친구가 없어요. 짝수는 둘씩 묶었을 때 짝을 지을 수 있는 수로 2, 4, 6, 8, 10, 12……가 있어요.

아무리 숫자가 커져도 일의 자리 숫자가 홀수면 그 숫자는 홀수, 일의 자리 숫자가 짝수면 그 숫자는 짝수가 된답니다.

홀수, 짝수를 이용해서 구슬 놀이를 해 볼까요? 놀이 방법은 다음과 같아요.

1. 술래가 구슬 여러 개를 ❷감추어서 손에 쥡니다.
2. 다른 친구가 감춰진 구슬의 개수가 홀수인지, 짝수인지 맞힙니다.
3. 맞히면 ❸맞힌 사람이 그 수만큼 구슬을 가집니다.

낱말 풀이

❶ **쌍**: 둘씩 짝을 이룬 것.
❷ **감추어서**: 남이 보거나 찾아내지 못하도록 가리거나 숨겨서.
❸ **맞힌**: 문제에 대한 답을 틀리지 않게 한.

어휘 문제

1 **다음 문장에 알맞은 낱말을 골라 ○표를 하세요.**

241019-0043

(1) 식탁에는 젓가락 한 (쌍 , 장)이 놓여 있다.
(2) 보물찾기를 하기 전에 보물을 교실에 (아꼈다 , 감추었다).

2 **보기를 참고하여 다음 문장의 빈칸에 알맞은 낱말을 선으로 이으세요.**

241019-0044

보기 '맞히다'는 정답을 골라낸다는 뜻이고, '맞추다'는 가지런히 하여 어긋나지 않게 한다는 뜻입니다.

(1) 내 책상을 앞줄과 같게 ☐. • • ① 맞췄다

(2) 골든벨 퀴즈의 답을 10개나 ☐. • • ② 맞혔다

정답과 해설 4쪽

주제 확인

1
241019-0045

이 글에서 설명하는 내용은 무엇인지 두 가지를 쓰세요.

(,)

내용 이해

2
241019-0046

홀수에는 ○표, 짝수에는 △표를 하세요.

(1)  ( )

(2) ( )

(3) 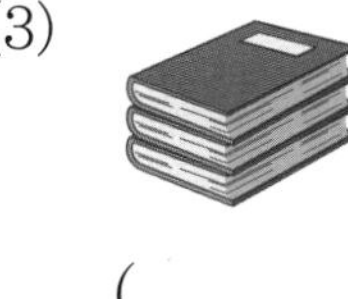 ( )

(4) 468 ( )

(5) 33 ( )

적용

3
241019-0047

구슬 놀이에서 민수는 구슬을 몇 개 가지게 되는지 빈칸에 쓰세요.

1. 술래가 구슬을 5개 감추어 손에 쥐고 있습니다.
2. 민수가 '홀수'라고 말했습니다.

→ 5는 (짝수 / 홀수)이므로 민수는 구슬을 ( )개 가지게 됩니다.

추론

4
241019-0048

민수가 다음과 같이 말한 까닭은 무엇인가요? ( )

① 민수네 반 학생 수가 적기 때문이다.
② 민수네 반 학생 수가 많기 때문이다.
③ 학생 수가 홀수인 것이 더 좋기 때문이다.
④ 학생을 2명씩 짝 지을 수가 없기 때문이다.
⑤ 2명씩 짝 지어서 남는 학생이 없기 때문이다.

글의 구조 파악하기

빈칸에 알맞은 말을 글에서 찾아 써넣으세요.

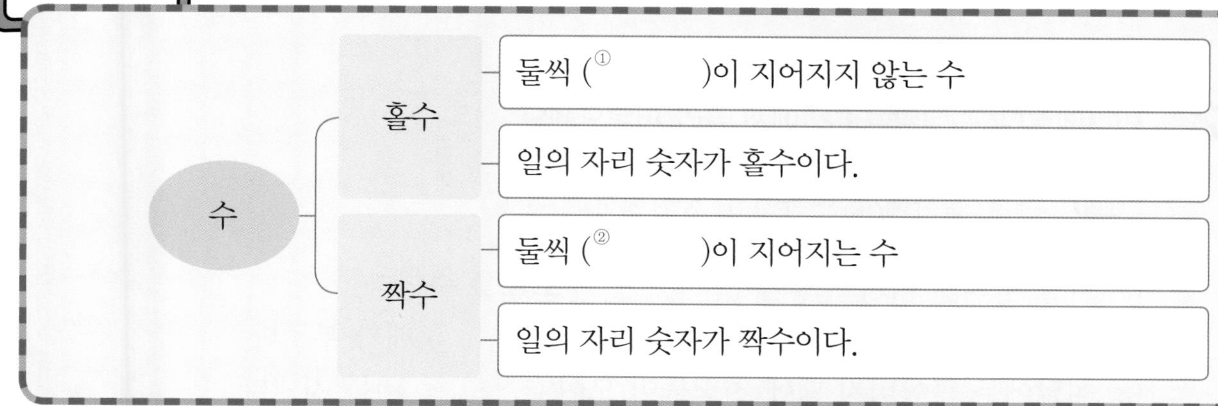

5일 ❶강 한가위만 같아라

음력 8월 15일 추석은 설날과 더불어 우리나라를 대표하는 명절이에요. 추석을 한가위라고도 하는데 '한'이라는 말은 '크다'라는 뜻이고, '가위'는 '가운데'라는 뜻이에요. 그러니까 추석은 음력 8월의 한가운데 있는 큰 날, 가을의 달빛이 가장 좋은 날을 말해요.

추석에는 조상에게 감사하는 마음으로 ❶차례를 지내요. 곡식을 잘 ❷여물게 해 준 것에 감사하는 마음으로 그해에 나온 햇곡식을 조상에게 대접하기 위해서죠. 추석에는 햇곡식과 햇과일로 만든 음식을 많이 먹어요. 추석에 먹는 송편도 햅쌀로 반죽해서 만들지요. 그리고 밤이 되면 달맞이를 하면서 보름달을 보고 소원을 빌어요.

추석에는 강강술래와 씨름, 줄다리기 등의 놀이를 즐겼어요. 추석을 대표하는 놀이인 강강술래는 밝은 달밤에 손에 손을 잡고 둥글게 원을 그리며 노래하면서 춤을 추는 놀이랍니다.

옛 어른들의 말씀에 ㉠'더도 말고 덜도 말고 늘 한가위만 같아라.'라는 말이 있어요. 매일매일이 한가위 같았으면 좋겠다는 뜻이에요. 이처럼 한가위는 먹을 것도 ❸풍성하고, 즐거운 놀이를 하는 행복한 날이에요.

낱말 풀이

❶ **차례**: 추석이나 설날 등의 낮에 지내는 제사.
❷ **여물게**: 과실이나 곡식 따위가 알이 들어 딴딴하게 잘 익게.
❸ **풍성하고**: 넉넉하고 많고.

어휘 문제

1 다음 낱말과 그 뜻을 알맞게 선으로 이으세요.

241019-0049

(1) 한 •　　　　• ① 크다

(2) 가위 •　　　　• ② 가운데

2 빈칸에 알맞은 낱말을 보기에서 골라 써넣으세요.

241019-0050

보기 차례, 감사해서, 여물어서, 풍성해서

(1) 가을이 되면 벼가 노랗게 (　　　　) 고개를 숙인다.
(2) 할머니 댁에 가면 언제나 먹을 것이 (　　　　) 배가 부르다.
(3) 설날에는 큰아버지 댁에 친척들이 모여 (　　　　)를 지낸다.

정답과 해설 **4쪽**

1 241019-0051

주제 확인

이 글에서 설명하는 내용은 무엇인지 글에서 찾아 두 글자로 쓰세요.

( )

2 241019-0052

내용 이해

이 글의 내용과 다른 것은 무엇인가요? ( )

① 추석에는 차례를 지낸다.
② 추석은 음력 8월 15일이다.
③ 추석에는 햅쌀로 송편을 만들어 먹는다.
④ 추석은 겨울의 달빛이 가장 좋은 날이다.
⑤ 추석에는 강강술래, 씨름, 줄다리기를 한다.

3 241019-0053

적용

그림과 같이 추석에 하는 놀이의 이름을 글에서 찾아 쓰세요.

( )

4 241019-0054

추론

다음은 ㉠의 까닭입니다. 빈칸에 알맞은 말을 보기에서 골라 각각 써넣으세요.

보기 풍성한, 농사지은

힘들게 ( ) 곡식이나 과일을 거둔 것을 기뻐하며, ( ) 음식을 마련하고 여러 놀이를 즐긴 날이기 때문입니다.

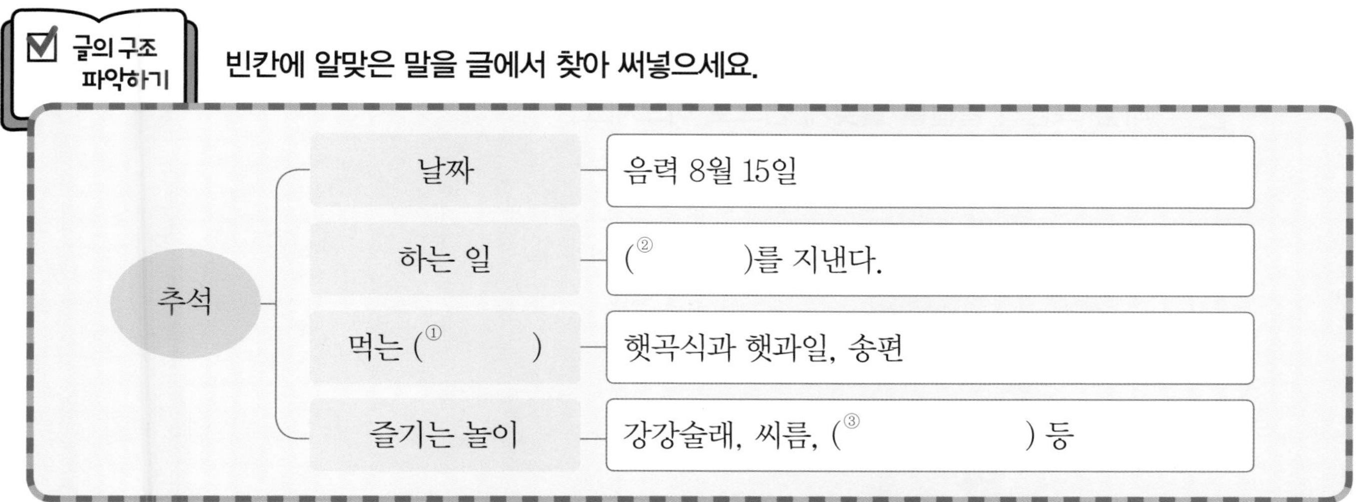

설날과 추석에 먹는 음식

공부한 날 월 일

설날과 추석에는 가족과 친척들이 모여 맛있는 음식을 먹으며 놀이도 하면서 즐겁게 지내요. 설날과 추석에 먹는 대표적인 음식에는 떡국과 송편이 있어요. 떡국과 송편은 예부터 ㉠ 가족과 이웃 간의 정을 나누는 아름다운 명절 음식이랍니다.

우리나라 전통 설 음식인 떡국은 쌀을 쪄서 길게 뽑아낸 가래떡을 ❶어슷썰기하여 고깃국에 넣고 끓여 낸 음식이에요. 우리 조상은 설에 떡국 한 그릇을 먹으면 나이를 한 살 더 먹는다고 생각했어요. 그리고 떡국에는 오래 살게 해 달라는 ❷장수의 소망과 부자가 되게 해 달라는 소원이 담겨 있어요.

추석에는 한 해 농사의 ❸결실을 감사하는 마음으로 그해 수확한 햅쌀로 송편을 빚어 먹었어요. 송편을 만들 때는 우선 쌀가루로 만든 반죽을 떼어 동글동글 굴려요. 그다음 가운데를 오목하게 만들어 그 안에 콩이나 깨 등의 ❹소를 가득 넣고 예쁘게 빚어요. 송편을 찔 때는 솔잎을 넣어서 떡이 서로 달라붙는 것을 막아요. 솔잎을 넣으면 솔잎의 은은한 향이 송편에 배기도 해요. 송편은 반달 모양과 동그란 모양이 있는데 동그란 송편은 보름달을 의미한다고 해요.

낱말 풀이

❶ **어슷썰기**: 무, 오이, 파 따위를 한쪽으로 비스듬하게 써는 일.

❷ **장수**: 오래도록 삶.

❸ **결실**: 일의 결과가 잘 맺어짐. 또는 그런 성과.

❹ **소**: 송편이나 만두 따위를 만들 때 맛을 내기 위하여 속에 넣는 재료.

어휘 문제

1 **빈칸에 알맞은 낱말을 보기에서 골라 써넣으세요.**

241019-0055

보기 결실, 장수

(1) 증조할머니께서는 100세가 넘도록 ( )하셨다.

(2) 성호는 수학 공부를 열심히 한 끝에 좋은 ( )을/를 맺었다.

2 **다음 그림과 낱말을 알맞게 선으로 이으세요.**

241019-0056

(1) • • ① 소

(2) • • ② 어슷썰기

주제 확인

1

241019-0057

다음 명절과 대표하는 음식을 알맞게 선으로 이으세요.

(1) 설날 •   • ① 송편

(2) 추석 •   • ② 떡국

내용 이해

2

241019-0058

송편에 대한 설명으로 알맞은 것은 무엇인가요? (   )

① 송편은 그해 수확한 햅쌀로 빚는다.
② 송편은 고깃국의 은은한 향이 잘 배게 찐다.
③ 송편에는 부자가 되게 해 달라는 소원이 담겨 있다.
④ 송편을 먹으면 나이를 한 살 더 먹는다고 생각했다.
⑤ 송편 반죽 가운데를 오목하게 만들고 솔잎을 소로 넣는다.

적용

3

241019-0059

다음 그림에서 떡국을 끓일 때 필요한 재료 두 가지를 쓰세요.

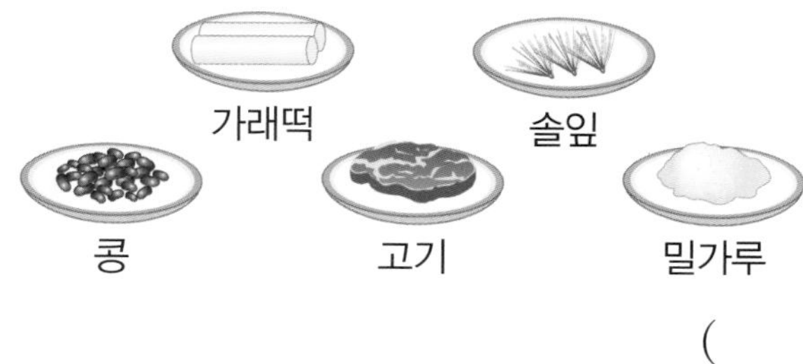

(,   )

추론

4

241019-0060

㉠과 관련이 있는 설날과 추석의 일은 무엇인가요? (   )

① 송편을 찔 때 솔잎을 넣는다.
② 송편을 보름달 모양으로 예쁘게 빚는다.
③ 멀리 떨어져 있는 가족과 친척들이 모인다.
④ 농사의 결실을 감사하는 마음으로 떡국을 먹는다.
⑤ 쌀로 길게 뽑아낸 가래떡을 썰어 고깃국에 넣고 끓여 먹는다.

글의 구조 파악하기

빈칸에 알맞은 말을 글에서 찾아 써넣으세요.

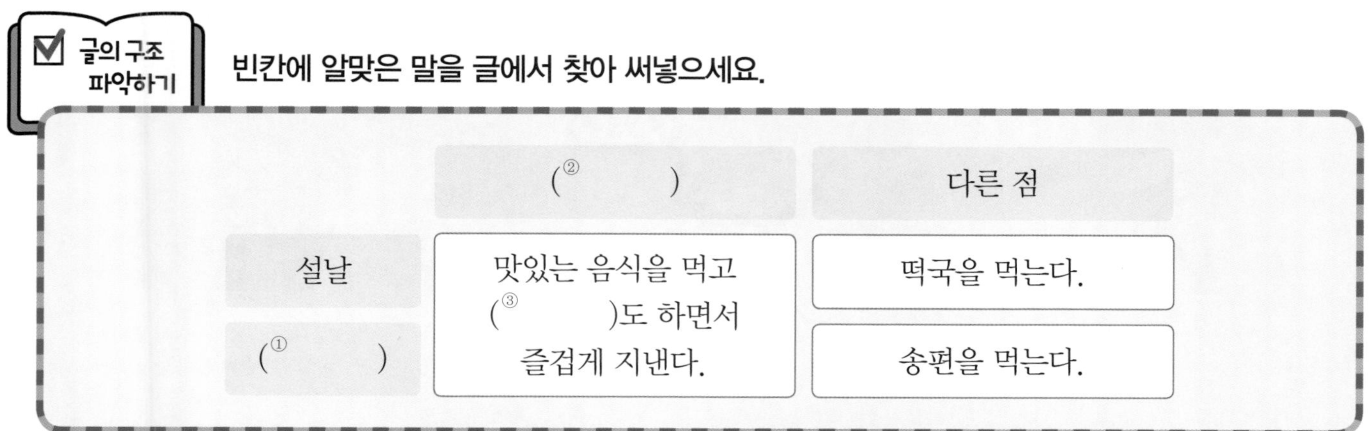

	(②)	다른 점
설날	맛있는 음식을 먹고 (③)도 하면서 즐겁게 지낸다.	떡국을 먹는다.
(①)		송편을 먹는다.

1주 마무리 학습

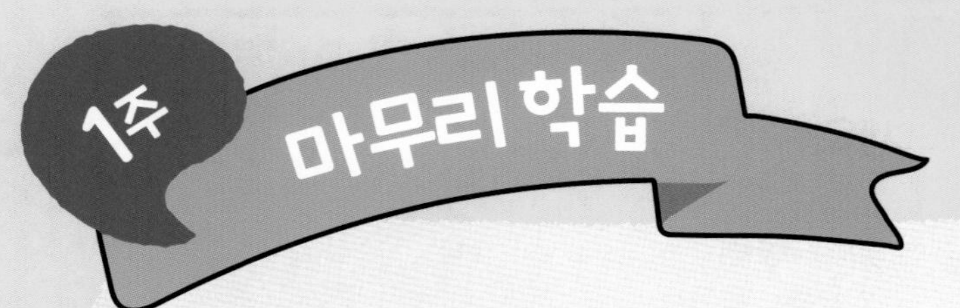

정답과 해설 5쪽

❀ 보기 에 있는 것들을 숨은 그림에서 찾아 보세요.

보기 선인장, 낙타, 송편, 시계, 책, 숫자 9

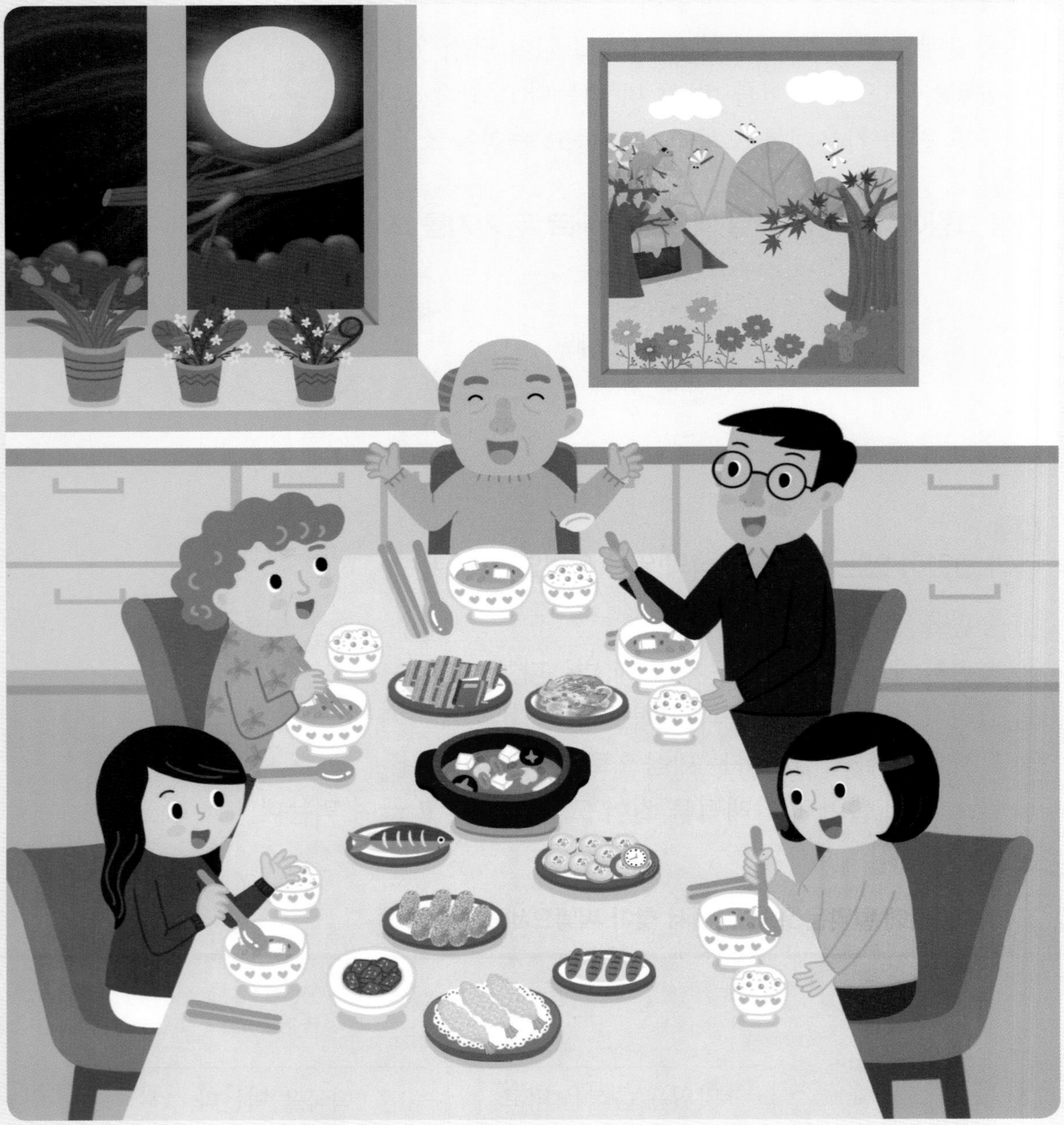

2주

주제	학습 내용	학습 완료일
1일 과학	❶강 플라스틱 섬 플라스틱 섬이 바다 한가운데에 만들어지는 과정과 문제점을 설명하는 글입니다. ❷강 플라스틱의 재탄생 플라스틱 재활용 과정을 통해 플라스틱 재활용의 필요성을 알려 주는 글입니다.	월 일 맞은 문제 수 개/12개 확인
2일 예술	❶강 재미있는 타악기(서양 악기) 서양 악기 중 타악기를 소개하고, 각 악기의 특징을 설명하는 글입니다. ❷강 재미있는 타악기(우리나라 악기) 우리 나라의 사물놀이에 대해 소개하고, 사물놀이 악기의 특징을 설명하는 글입니다.	월 일 맞은 문제 수 개/12개 확인
3일 과학	❶강 달의 모양이 바뀌어요 달의 모양이 매일 바뀌는 것처럼 보이는 까닭에 대해 설명하는 글입니다. ❷강 태양아, 고마워 지구가 태양의 주위를 돌며 지구에 어떤 도움을 주고 있는지 설명하는 글입니다.	월 일 맞은 문제 수 개/12개 확인
4일 사회	❶강 우리 손에 물건이 들어오기까지 물건이 어떤 과정을 거쳐 우리에게 오는지 알려 주는 글입니다. ❷강 저축을 해요 저축의 뜻과 필요성을 알려 주고, 은행에 저축을 하는 방법에 대해 설명하는 글입니다.	월 일 맞은 문제 수 개/12개 확인
5일 과학	❶강 물에서 살아요 강과 호수에 살고 있는 식물과 동물을 분류하는 방법에 대해 설명하는 글입니다. ❷강 물에 사는 동물들 물에 사는 다양한 동물들의 특징에 대해 설명하는 글입니다.	월 일 맞은 문제 수 개/12개 확인

2주 1일 ❶강

플라스틱 섬

공부한 날 월 일

바닷가에서 놀던 나는 목이 말라 생수를 한 병 샀어요. 다 마시고 나서 쓰레기통에 휙 버린 플라스틱 생수병이 바람을 타고 바다로 흘러 들어갔어요.

플라스틱 생수병은 바닷물이 흐르는 대로 이리저리 떠다니다가 바닷물이 둥글게 도는 바다 한가운데 ❶머무르게 되었어요. 낚싯줄, 장난감, 음료수병 등 다른 플라스틱 쓰레기도 그곳으로 점점 모이더니 커다란 섬처럼 바다 위에 둥둥 떠 있게 되었네요.

[㉠] 플라스틱 섬은 줄어들지 않고 점점 커졌어요. 어떤 플라스틱은 거친 파도와 햇빛에 점점 작은 조각으로 부서져요. 눈에도 잘 보이지 않을 정도로 잘게 부서진 작은 플라스틱을 ❷미세 플라스틱이라고 해요. 바다 동물은 플라스틱 조각을 먹이로 알고 삼키기도 해요. 또 플라스틱을 먹은 바다 동물은 병이 나기도 하고 죽기도 해요.

내가 ❸싫증 나서 버린 장난감, 한번 사용하고 버린 생수병은 오늘도 바다를 ❹떠돌다가 이곳저곳에 플라스틱 섬을 만들고 있을지도 몰라요. 나중에는 미세 플라스틱이 되어 나에게 다시 돌아올 수도 있고요.

낱말 풀이

❶ **머무르게**: 도중에 멈추거나 어떤 곳에 잠깐 묵게.
❷ **미세**: 눈에 보이지 않을 정도로 매우 가늘고 작음.
❸ **싫증**: 싫은 생각이나 느낌.
❹ **떠돌다가**: 정한 곳 없이 이곳저곳을 옮겨 다니다가.

어휘 문제

1 **다음 문장의 빈칸에 알맞은 낱말을 선으로 이으세요.**

241019-0061

(1) 술래잡기 놀이는 매일 해도 [ ] 않을 만큼 재미있다. •　　• ① 싫증 나지

(2) 할머니께서는 이틀 동안 우리 집에 [ ] 댁으로 가셨다. •　　• ② 머무르시다가

2 **다음 첫소리를 참고하여 빈칸에 공통으로 들어갈 낱말을 글에서 찾아 쓰세요.**

241019-0062

〈첫소리〉 ㅁㅅ

• [ ] 먼지 때문에 하늘이 뿌옇다.
• 바다로 간 플라스틱은 작은 조각으로 부서져 [ ] 플라스틱이 된다.

(　　　　　　　　)

주제 확인

1 이 글에서 설명하는 내용은 무엇인지 빈칸에 알맞은 말을 글에서 찾아 쓰세요.

241019-0063

플라스틱을 함부로 버리면 바다로 들어가 □□□□ □을 만들 수 있다.

( )

내용 이해

2 이 글의 내용을 순서대로 기호를 쓰세요.

241019-0064

㉮ 플라스틱 쓰레기가 바다로 흘러 들어간다.
㉯ 플라스틱 쓰레기들이 바다 한가운데에 많이 모이면 섬처럼 된다.
㉰ 플라스틱 쓰레기가 바닷물이 둥글게 도는 바다 한가운데 머무르게 된다.

( ) → ( ) → ( )

적용

3 보기를 참고하여 ㉠에 알맞은 말을 고르세요. ( )

241019-0065

보기 플라스틱이 썩는 데 걸리는 시간

① 플라스틱은 잘 썩지 않기 때문에
② 플라스틱을 사용하면 편하기 때문에
③ 플라스틱은 쓰레기가 아니기 때문에
④ 플라스틱을 잘 사용하지 않기 때문에
⑤ 플라스틱을 쓰레기통에 버리기 때문에

추론

4 이 글을 읽고 글쓴이의 생각을 잘 이해한 친구의 이름을 쓰세요.

241019-0066

시원: 플라스틱 섬이 더 커지지 않도록 플라스틱 사용을 줄이자.
호정: 플라스틱 섬에 살고 있는 동물이 건강하도록 먹이를 주어야 해.

( )

글의 구조 파악하기 빈칸에 알맞은 말을 글에서 찾아 써넣으세요.

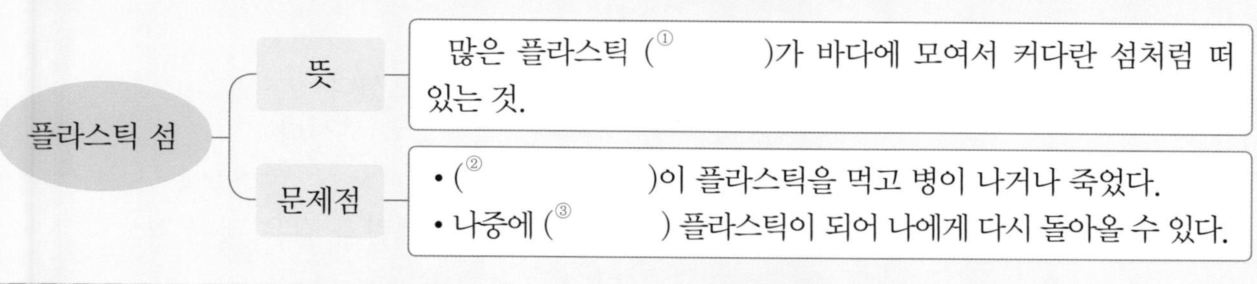

플라스틱의 재탄생

공부한 날 월 일

플라스틱 섬의 쓰레기 문제를 해결하기 위해서는 어떻게 해야 할까요? 플라스틱으로 된 물건을 되도록 쓰지 않거나 꼭 필요한 경우에만 써야 해요. 플라스틱 빨대, 일회용 플라스틱 컵 등과 같은 물건은 조금만 신경을 쓰면 사용을 줄일 수 있어요. 하지만 어쩔 수 없이 사용할 수밖에 없다면 ❶재활용을 해야 해요.

플라스틱을 재활용하기 위해서는 플라스틱에 붙은 라벨을 떼고 깨끗하게 ❷세척을 해요. 그리고 투명 페트병과 일반 플라스틱으로 분리해서 분리수거함에 넣어요.

분리한 플라스틱 페트병은 종류별로 모아 납작하게 눌러서 재활용 공장으로 보내요. 재활용 공장으로 가면 먼저 페트병을 색깔별로 나누어서 아주 잘게 조각을 내요. 그리고 플라스틱 조각을 깨끗하게 세척을 하고 건조해요. 잘 건조된 플라스틱 조각들을 녹인 후에 다시 알갱이로 만들어요. 그리고 필요한 공장으로 보내요.

이렇게 재활용 과정을 거쳐 생긴 새로운 플라스틱은 실이나 다른 플라스틱 제품을 만드는 ❸재료가 돼요. 플라스틱으로 만든 실은 부직포, 솜, 옷, 신발 등을 만드는 데 쓰여요. 그리고 옷걸이, 화분, 쓰레기통을 만들거나, 계란이나 과일을 포장하는 제품이 되기도 해요.

낱말 풀이

❶ **재활용**: 낡거나 못 쓰게 된 물건의 용도를 바꾸거나 손질을 해서 다시 이용함.

❷ **세척**: 깨끗이 씻음.

❸ **재료**: 물건을 만들 때 바탕으로 사용하는 것.

어휘 문제

1 **빈칸에 공통으로 들어갈 낱말은 무엇인가요? (　　　)**

241019-0067

① 재배　② 재시험　③ 재도전　④ 재건축　⑤ 재활용

2 **다음 첫소리를 참고하여 밑줄 친 말과 바꾸어 쓸 수 있는 낱말을 글에서 찾아 쓰세요.**

241019-0068

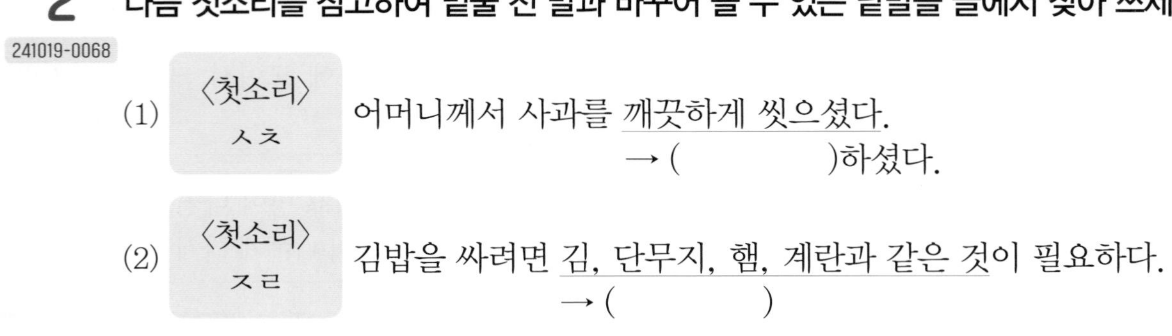

(1) 〈첫소리〉 ㅅㅊ　어머니께서 사과를 <u>깨끗하게 씻으셨다</u>.
→ (　　　　)하셨다.

(2) 〈첫소리〉 ㅈㄹ　김밥을 싸려면 <u>김, 단무지, 햄, 계란과 같은 것</u>이 필요하다.
→ (　　　　)

주제 확인

1 이 글에서 설명하는 내용은 무엇인지 빈칸에 알맞은 말을 글에서 찾아 쓰세요.

241019-0069

□□□□은 사용을 줄이거나 재활용을 해야 한다.

( )

내용 이해

2 재활용 과정을 거쳐 생긴 새로운 플라스틱으로 만들 수 있는 물건이 아닌 것은 무엇인가요?

241019-0070

( )

① 옷 ② 신발 ③ 계란 ④ 옷걸이 ⑤ 부직포

적용

3 그림과 같이 쓰레기를 버리고 있는 친구에게 할 말로 알맞은 것을 두 가지 고르세요.

241019-0071

(,)

① 단 음료수를 많이 마시면 안 돼.
② 쓰레기는 쓰레기통에 버려야 해.
③ 병에 붙은 라벨을 떼서 버려야 해.
④ 다른 사람이 버린 쓰레기도 주워야 해.
⑤ 페트병은 플라스틱 수거통에 버려야 해.

추론

4 이 글의 제목을 '플라스틱의 재탄생'이라고 한 까닭으로 알맞은 것에 ◯표를 하세요.

241019-0072

(1) 플라스틱은 잘 세척하여 버려야 하기 때문이다. ( )
(2) 플라스틱을 재활용하면 새로운 물건이 되기 때문이다. ( )

글의 구조 파악하기 빈칸에 알맞은 말을 글에서 찾아 써넣으세요.

플라스틱을 재활용하는 순서

플라스틱에 붙은 라벨을 떼고 깨끗하게 (①)하기 → 투명 페트병과 일반 플라스틱으로 (②)해서 분리수거함에 넣기 → (③)에 보내서 새로운 플라스틱 만들기 → 새로운 플라스틱으로 여러 가지 물건 만들기

2주 2일 ❶강

재미있는 타악기(서양 악기)

공부한 날 월 일

둥! 둥둥! 둥! 동동동동! 동!

신나는 북소리가 들리면 ❶리듬에 맞춰서 어깨가 들썩거리고 춤을 추고 싶어져요. 북처럼 손이나 도구를 이용해서 두드리거나 치고 흔들어서, 강하고 ❷또렷한 소리를 내는 악기를 타악기라고 해요. 타악기는 음의 높고 낮음을 연주할 수 있는 것과 리듬만 연주할 수 있는 것으로 나눌 수 있어요.

음의 높낮이를 연주할 수 있는 타악기에는 팀파니, 실로폰, 마림바 등이 있어요. 팀파니는 북이지만 아래쪽 페달로 음의 높낮이를 ❸조절할 수 있어요. 실로폰과 마림바는 피아노 건반과 비슷하게 생긴 쇠나 나무토막을 채로 쳐서 소리를 내는 악기예요. 마림바가 실로폰보다 크고 더 많은 음을 연주할 수 있어요.

음의 높낮이 대신 리듬만 연주하는 타악기는 큰북, 작은북, 탬버린, 트라이앵글, 캐스터네츠, 심벌즈 등이 있어요. 큰북과 작은북은 북채로 쳐서 소리를 내요. 각각 낮은 소리, 높은 소리가 나지요. 탬버린은 북면과 테두리를 치거나 흔들어서 소리를 내요. 트라이앵글은 위쪽 줄을 잡고 채로 쳐서 소리를 내고, 캐스터네츠는 조개 모양 나뭇조각 두 개를 ❹묶어서 딱딱 마주치며 소리를 내요. 심벌즈는 냄비 뚜껑같이 생긴 쇠를 마주쳐서 '칭' 하고 아주 큰 소리를 내는 악기예요.

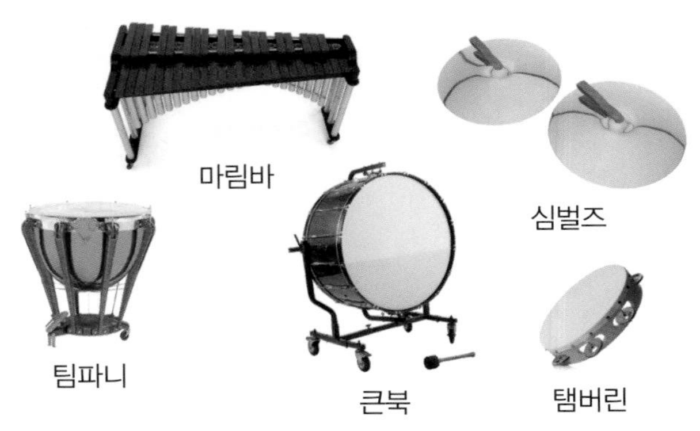

낱말 풀이

❶ **리듬**: 소리의 높낮이, 길이, 세기 등이 일정하게 반복되는 것.
❷ **또렷한**: 분명하고 확실한.
❸ **조절할**: 균형에 맞게 바로잡거나 상황에 알맞게 맞춤.
❹ **묶어서**: (끈이나 줄로) 서로 떨어지거나 흐트러지지 않도록 감아 매서.

어휘 문제

1 빈칸에 알맞은 낱말을 보기에서 골라 써넣으세요.

241019-0073

보기 조사해, 조절해, 조심해, 조리해

아버지께서 새 책상에 맞춰서 의자 높이를 (　　　　) 주셨다.

2 바르게 쓴 낱말을 골라 ○표를 하세요.

241019-0074

(1) 엄마께서 리본을 예쁘게 (묵어 , 묶어) 주셨다.
(2) 가까이 다가가니 친구의 목소리가 더욱 (또렷하게 , 또렸하게) 들렸다.

정답과 해설 6쪽

주제 확인

1 다음에서 설명하는 악기는 무엇인가요? (   )

241019-0075

손이나 도구를 이용해서 두드리거나 치고, 흔들어서 소리를 내는 악기.

① 현악기 ② 타악기 ③ 목관 악기 ④ 건반 악기 ⑤ 금관 악기

내용 이해

2 음의 높낮이를 연주할 수 있는 악기에는 ○표, 음의 높낮이를 연주할 수 없는 악기에는 △표를 하세요.

241019-0076

(1) 팀파니 (   ) (2) 실로폰 (   ) (3) 큰북 (   )
(4) 심벌즈 (   ) (5) 탬버린 (   )

적용

3 형우가 악기를 연주했던 경험을 말하고 있습니다. 형우가 연주한 악기는 무엇인가요? (   )

241019-0077

형우: 이 악기는 나무로 만들었고, 같은 모양 두 개가 묶여 있어. 한쪽 손바닥에 올려놓고 다른 손으로 쳐서 딱딱 소리를 냈어.

① 심벌즈 ② 작은북 ③ 마림바 ④ 캐스터네츠 ⑤ 트라이앵글

추론

4 '놀람 교향곡'에 대한 이야기를 읽고 생각한 내용입니다. 빈칸에 알맞은 말을 쓰세요.

241019-0078

작곡가 하이든이 만든 곡 중에 '놀람 교향곡'이 있습니다. 이 곡은 조용한 음악이 흐르다가 갑자기 2악장에서 팀파니 소리가 납니다. 이 곡을 듣던 관객이 졸다가 깜짝 놀라서 깼다고 합니다.

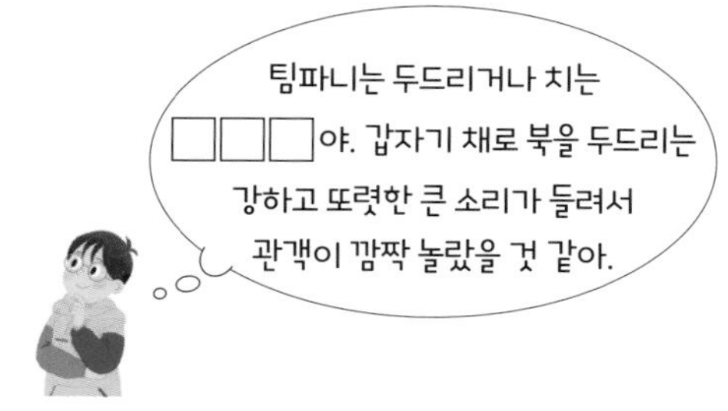

(   )

글의 구조 파악하기

빈칸에 알맞은 말을 글에서 찾아 써넣으세요.

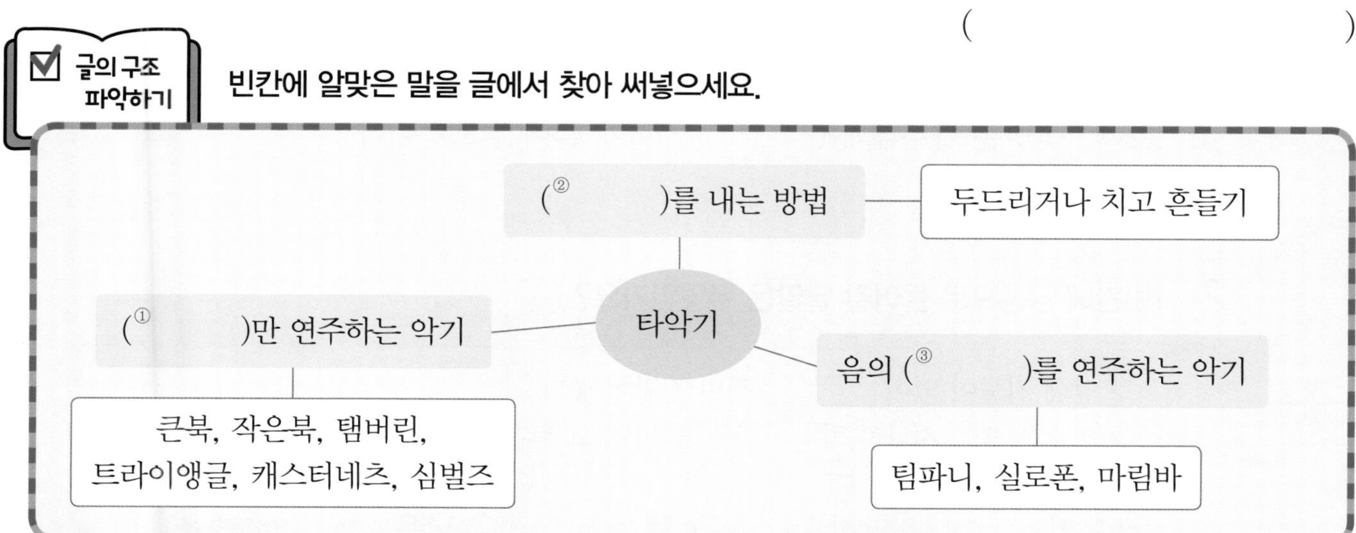

재미있는 타악기(우리나라 악기)

공부한 날 월 일

"우르르 쾅! 쾅! 톡토톡 토토토톡, 웅웅 윙윙."

천둥이 치고, 비가 내리고 바람이 불어요. 날이 맑아지니 하늘에 구름이 둥실둥실 떠가네요. 이런 자연을 닮은 악기로 신나게 노는 우리나라 음악이 있어요. 바로 사물놀이예요.

사물놀이에서 '사물'은 꽹과리, 징, 장구, 북 이렇게 네 개의 악기를 뜻해요. '놀이'는 연주한다는 뜻이지요. 사물놀이는 꽹과리, 징, 장구, 북을 함께 연주하면서 신나게 노는 음악이에요.

"깽 깽 개갱!" 천둥을 닮은 꽹과리는 놋쇠로 만들어요. ❶트인 쪽에 한 손을 넣고 엄지손가락에 끈을 걸고 막힌 쪽을 채로 치는 거예요.

"지이잉 징!" 바람을 닮은 징도 놋쇠로 만들지만 꽹과리보다 훨씬 커요. 한 손으로 끈을 잡고 커다란 징채로 쳐요. 부드럽고 긴 ❷울림이 있는 소리를 내요.

"덩덩 쿵덕쿵!" 비를 닮은 장구는 나무로 통을 만들고 양쪽에 가죽을 댔어요. 끝이 둥근 궁채와 회초리같이 생긴 열채로 양쪽을 쳐서 소리를 내요.

"궁 궁 궁 궁!" 구름을 닮은 북도 나무통에 가죽을 댔어요. 장구는 허리가 ❸잘록한 통이지만 북은 허리가 통통한 통이에요. 북채로 가죽을 쳐서 둥둥 소리를 내요.

❶ **트인**: 막혔던 곳이 뚫린.
❷ **울림**: 소리가 무엇인가에 부딪혀 되돌아 나오는 것.
❸ **잘록한**: (기다란 물건이) 한 군데가 조금 둥글게 깊이 패어 들어간.

어휘 문제

1 **다음 문장의 빈칸에 알맞은 낱말을 보기에서 골라 써넣으세요.**

241019-0079

보기 울상, 울림, 잘록, 볼록

(1) 목에 손을 대고 말하면 (   )이 느껴진다.
(2) 이 꽃병은 가운데가 (   )하게 들어간 모양이다.

2 **빈칸에 공통으로 들어갈 낱말은 무엇인가요? (   )**

241019-0080

• 앞에 건물이 없이 [   ] 집이 전망이 좋다.
• 어두운 숲을 지나자 탁 [   ] 들판이 보였다.

① 트인 ② 막힌 ③ 높은 ④ 넓은 ⑤ 좁은

정답과 해설 **6쪽**

주제 확인

1

241019-0081

이 글에서 설명하는 내용은 무엇인지 빈칸에 알맞은 말을 글에서 찾아 쓰세요.

> □□□□는 자연을 표현한 우리나라 음악이다.

(　　　　　　　　　　)

내용 이해

2

241019-0082

다음 자연과 자연을 닮은 악기를 알맞게 선으로 이으세요.

(1) 비　　(2) 구름　　(3) 천둥　　(4) 바람

① 북　　② 징　　③ 장구　　④ 꽹과리

적용

3

241019-0083

다음 그림에 알맞은 악기의 이름을 각각 쓰세요.

(1) (　　　)　　(2) (　　　)　　(3) (　　　)　　(4) (　　　)

추론

241019-0084

사물놀이 악기에 대한 설명으로 알맞은 것에 ○표를 하세요.

(1) 사물놀이 악기를 만든 재료는 모두 같다. (　　　)

(2) 사물놀이 악기는 모두 두드려서 소리를 내는 타악기이다. (　　　)

글의 구조 파악하기 빈칸에 알맞은 말을 글에서 찾아 써넣으세요.

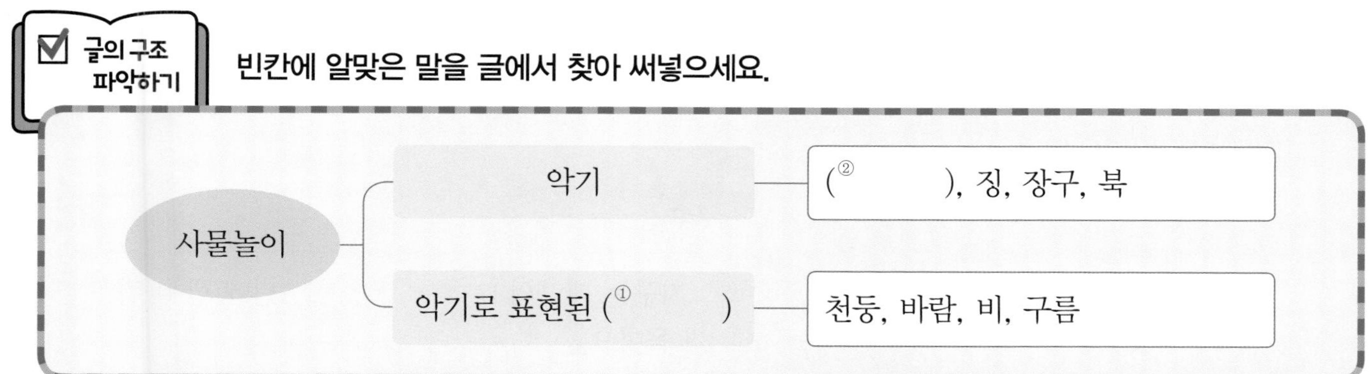

2주 3일 ❶강

달의 모양이 바뀌어요

공부한 날 월 일

어두운 밤하늘을 ❶환하게 밝혀 주는 달의 모양이 자꾸 바뀌어요. 얼마 전에는 동그란 보름달이었는데 점점 반달 모양으로 바뀌다가 나중에는 가느다란 손톱 모양이 되네요. 그러고는 다시 점점 커져서 보름달이 되었어요. 달은 왜 모양이 바뀌는 걸까요?

사실 달의 모양은 늘 같아요. 우리가 달을 볼 때 모양이 변하는 것처럼 보일 뿐이에요. 달은 지구보다 크기는 작지만 지구와 같은 공 모양이에요. 달은 지구를 바라보면서 한 달에 한 바퀴씩 지구의 ❷둘레를 돌아요.

달이 지구 둘레를 돌 때 태양 빛을 받는 부분이 달라져서 달 모양이 바뀌는 것처럼 보이는 거예요. 달이 태양 쪽으로 갈수록 가늘게 보이고, 태양에서 멀어질수록 둥글게 보여요.

지구에서는 달의 앞면만 보이기 때문에 똑같은 부분만 보여요. 그래서 옛날 사람들은 달에 토끼가 산다고 생각했어요. 달의 어두운 부분이 꼭 토끼처럼 보였거든요. 망원경으로 달을 ❸관찰하게 되었을 때는 그곳에 물이 있을 것이라고 생각하고 '달의 바다'라고 했어요. 이제는 달 ❹탐사선 덕분에 토끼처럼 보였던 어두운 부분이 낮고 평평한 땅이라는 것을 알게 되었어요. 물론 달의 바다에 물은 없었지요.

❶ **환하게**: 빛이 비치어 맑고 밝게.
❷ **둘레**: 사물의 테두리나 바깥 가까이.
❸ **관찰하게**: 사물이나 현상을 주의 깊게 살펴보게.
❹ **탐사선**: 우주 공간에서 지구나 다른 행성들을 조사하는 일을 하는 비행 물체.

어휘 문제

1 **다음 밑줄 친 낱말과 뜻이 비슷한 낱말을 보기에서 골라 써넣으세요.**

241019-0085

보기 관찰, 안내, 어둡다, 환하다

(1) 아침에는 거실에 해가 들어와서 무척 밝다. ( )

(2) 연구자들은 새로 발견된 동굴을 조사하기 위해 출발했다. ( )

2 **다음 그림을 보고 첫소리를 참고하여 빈칸에 알맞은 두 글자의 낱말을 글에서 찾아 써넣으세요.**

241019-0086

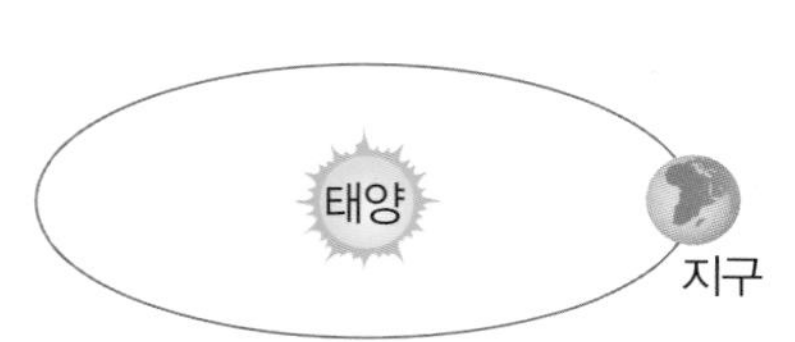

〈첫소리〉 ㄷㄹ

지구는 태양의 ( )를 1년에 한 바퀴씩 돌아요.

정답과 해설 7쪽

주제 확인

1 이 글에서 설명하는 내용은 무엇인가요? (　　　)

241019-0087

① 달의 모양　② 달의 둘레　③ 달의 계절
④ 달까지의 거리　⑤ 달의 밝은 부분

내용 이해

2 이 글의 내용으로 알맞은 것에는 ○표, 알맞지 않은 것에는 ×표를 하세요.

241019-0088

(1) 달은 지구보다 크고 공 모양이다. (　　　)
(2) 태양은 스스로 빛을 내지만 달은 빛을 내지 못한다. (　　　)
(3) 달에서 어둡게 보이는 부분은 지구와 같은 바다이다. (　　　)

적용

3 동생이 달에 토끼가 살고 있냐고 물어보았습니다. 알맞은 대답을 한 친구의 이름을 쓰세요.

241019-0089

(　　　　　　　　)

추론

4 그림에 있는 사람이 보는 달의 모양으로 알맞은 것에 ○표를 하세요.

241019-0090

(　　　)　(　　　)

글의 구조 파악하기

빈칸에 알맞은 말을 글에서 찾아 써넣으세요.

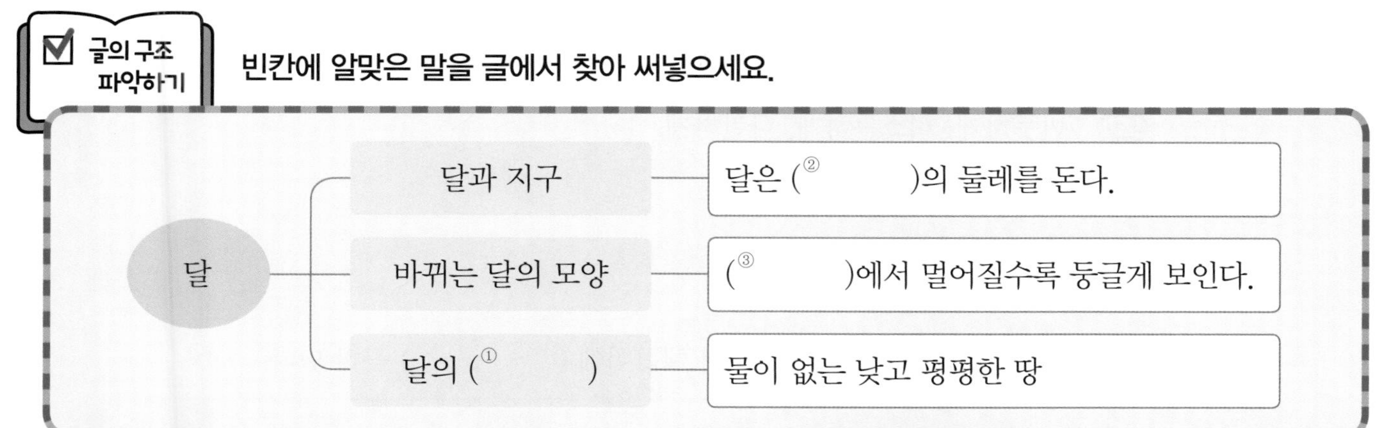

태양아, 고마워

공부한 날 월 일

달이 지구의 둘레를 도는 것처럼 지구는 태양의 둘레를 1년에 한 바퀴씩 돌고 있어요. 지구는 태양의 둘레를 돌면서 태양으로부터 여러 가지 영향을 받고 있어요. 어떤 영향을 받고 있을까요?

태양은 엄청나게 크고, 뜨거워요. 그리고 스스로 환한 빛을 내요. 이런 태양과 가까워지면 너무 밝고 뜨거워서 살기 힘들고, 멀어지면 너무 어둡고 추워서 모든 것이 얼어붙을 거예요. 다행히 지구는 태양과 적당한 거리에 떨어져 있어서 태양의 열과 빛을 알맞게 받고 있어요.

태양의 따뜻한 빛을 받으면 식물이 ❶무럭무럭 자라요. 그 식물을 먹고 동물이 건강하게 살 수 있어요. 사람도 동물이나 식물로 만든 음식을 먹고 살아요. 이렇게 자연에서 살아가는 생명체들은 태양에게 살아가는 힘을 얻어요.

봄, 여름, 가을, 겨울도 태양이 만들어요. 지구가 ❷비스듬하게 기울어져 있기 때문에 태양 주위를 돌 때 빛을 받는 시간이 달라져요. 태양이 오래 비추면 봄과 여름이 되고, 태양이 비추는 시간이 짧으면 가을과 겨울이 되는 거예요.

태양은 낮과 밤도 만들어 주어요. 지구는 매일 스스로 한 바퀴씩 ❸빙그르 돌아요. 지구가 한 바퀴를 돌면서 태양을 마주 볼 때는 낮이 되고, 태양을 ❹등질 때는 캄캄한 밤이 되는 거예요.

❶ **무럭무럭**: 힘차게 잘 자라는 모양.
❷ **비스듬하게**: 한쪽으로 약간 기울어지게.
❸ **빙그르**: 몸이나 물건이 크게 한 바퀴 도는 모양.
❹ **등질**: 등 뒤에 둘.

1 다음 문장에 알맞은 낱말을 골라 ○표를 하세요.

241019-0091

(1) 팽이가 (빙그레 , 빙그르) 돌고 쓰러졌다.

(2) 내 동생은 밥을 잘 먹고 (무럭무럭 , 모락모락) 크고 있다.

2 그림을 보고 빈칸에 알맞은 낱말을 보기에서 골라 써넣으세요.

241019-0092

보기 반듯하게, 비스듬하게, 나란하게

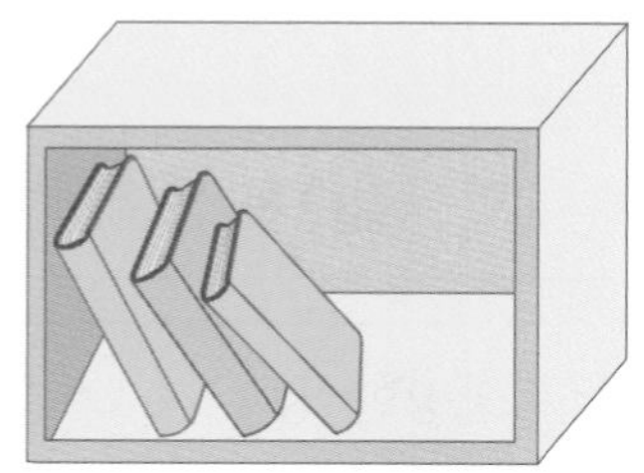

책이 책꽂이에 (　　　　　) 꽂혀 있다.

1 241019-0093

주제 확인

이 글에서 설명하는 것은 무엇인지 보기를 참고하여 글에서 찾아 쓰세요.

보기 나는 우주에 살아요.
나는 아주 뜨겁고 크고 밝아요.
나는 스스로 빛을 낼 수 있어요.

(　　　　　　　　　　)

2 241019-0094

내용 이해

이 글의 내용으로 알맞은 것을 두 가지 골라 그 기호를 쓰세요.

㉮ 태양은 지구의 둘레를 돌고 있다.
㉯ 태양은 지구의 계절을 만들어 준다.
㉰ 지구가 태양을 마주 볼 때 밤이 된다.
㉱ 식물은 태양의 따뜻한 빛을 받고 자란다.

(　　　　　,　　　　　)

3 241019-0095

적용

태양과 지구의 모습으로 알맞은 그림에 ○표를 하세요.

(1)
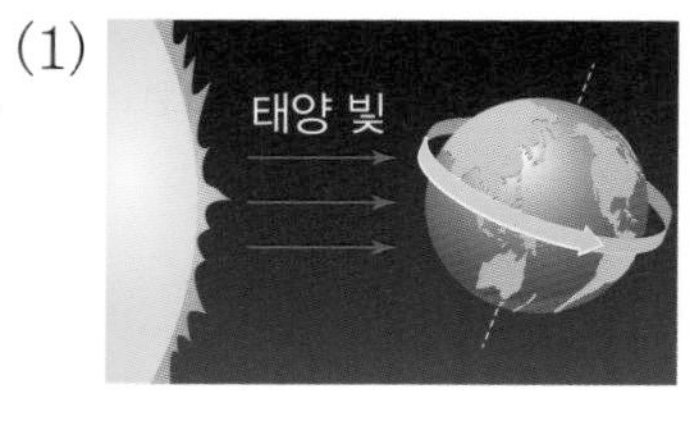

(　　　)

(2)
태양 빛

(　　　)

4 241019-0096

추론

태양이 없어진다면 일어날 일로 알맞지 않은 것은 무엇인가요? (　　　)

① 너무 추운 겨울이 된다.
② 빛이 없는 아주 캄캄한 밤이 된다.
③ 식물이 자라지 못해서 동물들도 살 수 없다.
④ 너무 뜨거워서 지구에 어떤 생물도 살 수 없게 된다.
⑤ 태양이 주는 힘을 얻지 못해서 사람이 살 수 없게 된다.

글의 구조 파악하기 **빈칸에 알맞은 말을 글에서 찾아 써넣으세요.**

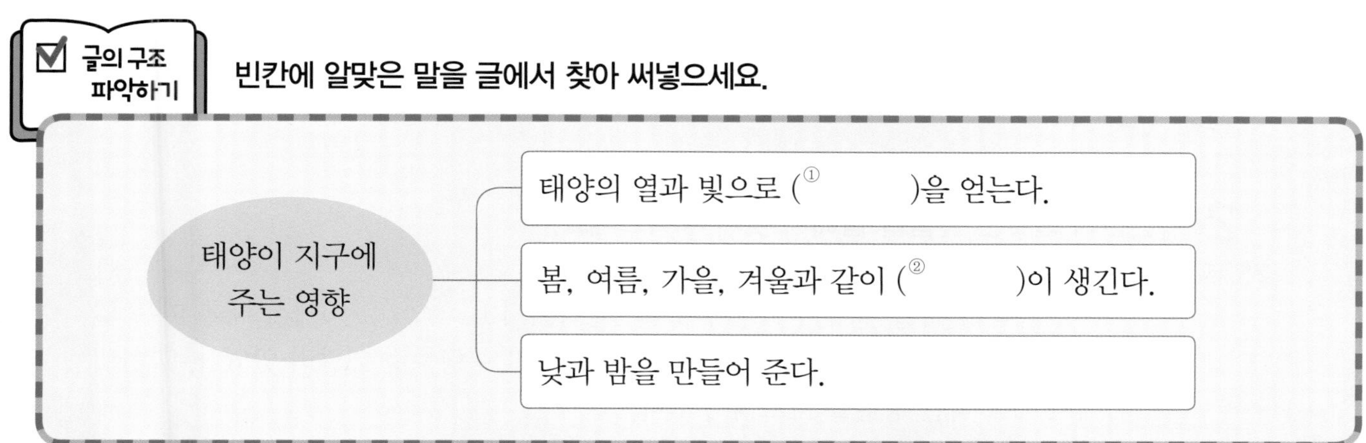

우리 손에 물건이 들어오기까지

공부한 날 월 일

시장에 가면 여러 종류의 물건을 파는 작은 가게가 많이 모여 있어요. 우리는 가게에서 사과와 연필 등 필요한 물건을 사서 오지만, 우리에게 오기까지는 많은 과정이 있어요.

먼저 사과가 우리에게 오는 과정을 알아봐요. 농부가 ❶과수원에서 사과나무를 정성껏 돌보면 가을에 사과가 주렁주렁 열려요. 농부는 사과를 따서 상자에 담고 아주 많은 사과 상자를 도매 시장으로 보내요. 도매 시장은 물건을 큰 묶음으로 파는 곳이에요. 도매 시장 상인은 과일 가게에 사과 상자를 나누어 팔아요. 과일 가게 상인은 사과를 상자에서 꺼내서 손님이 몇 개씩 사 갈 수 있게 ❷진열해요. 우리는 필요한 양만큼만 사과를 사 오면 돼요.

연필은 어디에서 우리에게 올까요? 먼저 연필 자루의 재료인 나무를 숲에서 베고, 연필심 재료인 흑연을 땅에서 캐요. 자른 나무와 흑연을 연필 공장으로 보내요. 연필 공장에서는 연필을 만들어서 많은 양의 연필 상자를 도매 시장으로 보내요. 도매 시장 상인은 연필 상자를 여러 문구점에 나누어 팔아요. 문구점에서 우리는 연필을 ❸낱개로 살 수 있어요.

이렇게 우리가 사용하는 모든 물건은 우리가 쉽고 편리하게 살 수 있도록 많은 사람의 손을 거치고 있답니다.

❶ **과수원**: 감나무, 사과나무, 배나무와 같이 열매를 먹을 수 있는 나무를 심은 밭.

❷ **진열해요**: 여러 사람에게 보이기 위해 죽 벌여 놓아요.

❸ **낱개**: 따로따로인 한 개 한 개.

어휘 문제

1 다음 문장의 빈칸에 알맞은 낱말을 선으로 이으세요.

241019-0097

(1) 동생이 가게에 [ ]된 장난감을 보고 사 달라고 떼를 썼다. •

(2) 도매 시장에서 묶음으로 사면 가게에서 [ ]로 사는 것보다 값이 싸다. •

• ① 진열

• ② 낱개

2 빈칸에 알맞은 낱말을 글에서 찾아 써넣으세요.

241019-0098

우리 가족은 시골 할아버지 댁에 갔다. 할아버지 (   )에서 배를 따는 일을 도와드리러 간 것이다. 배나무에는 커다란 배가 주렁주렁 매달려 있었다. 할아버지께서 배를 따는 방법을 가르쳐 주셨다.

주제 확인

1 이 글에서 설명하는 내용은 무엇인가요? (　　　　)

241019-0099

① 사과나무를 기르는 방법
② 연필을 아껴 써야 하는 이유
③ 도매 시장에서 물건 살 때 조심할 점
④ 작은 가게에서 물건을 낱개로 진열하는 순서
⑤ 물건이 여러 사람의 손을 거쳐 우리에게 오는 과정

내용 이해

2 다음에서 설명하고 있는 장소를 글에서 찾아 쓰세요.

241019-0100

> 공장이나 농사를 지은 곳에서 많은 물건을 한꺼번에 사 온다. 그리고 큰 묶음으로 가게에 파는 곳이다.

(　　　　　　　　)

적용

3 연필이 우리에게 오는 과정을 순서대로 기호를 쓰세요.

241019-0101

> ㉮ 도매 시장으로 연필이 간다.
> ㉯ 나무와 흑연을 공장으로 보낸다.
> ㉰ 연필 공장에서 연필을 만든다.
> ㉱ 문구점에서 연필을 우리에게 판다.

(　　　) → (　　　) → (　　　) → (　　　)

추론

4 다음 대화에서 아이가 한 질문으로 알맞은 것은 무엇인가요? (　　　　)

241019-0102

① 도매 시장에 가려면 어디로 가야 해요?
② 공장이나 도매 시장은 아주 멀리 있나요?
③ 시장이나 가게들이 없다면 어떻게 될까요?
④ 많은 양의 물건이 필요할 때는 어디로 가야 할까요?
⑤ 과수원에서 사과를 따면 어떻게 도매 시장으로 보내나요?

글의 구조 파악하기 빈칸에 알맞은 말을 글에서 찾아 써넣으세요.

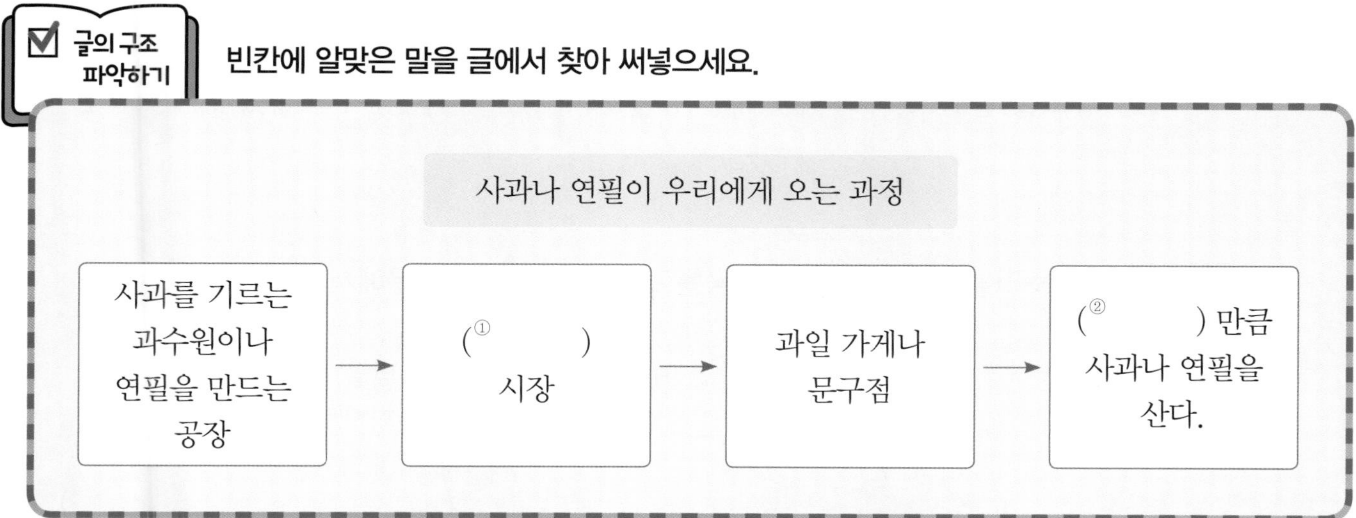

저축을 해요

공부한 날 월 일

설날에 세뱃돈을 받아서 용돈이 생긴다면 여러분은 아마 가지고 싶은 물건을 당장 사고 싶을 거예요. 그러나 용돈을 저축해서 필요한 곳에 써 보세요. 저축은 돈을 아껴서 모아 둔다는 뜻이에요. 저금통은 돈을 넣을 수도 있지만 꺼내서 쓰고 싶은 마음이 들 수 있어서 저축하기 어려워요. 이럴 때는 돈을 ❶보관해 주거나 빌려주는 은행에 저축해 보세요.

은행에 돈을 맡기려면 통장을 만들어야 해요. 부모님과 함께 은행에 가서 여러 가지 ❷서류를 내면 내 이름으로 된 통장을 만들 수 있어요. 용돈이 생기면 통장을 가지고 은행에 가서 기계에 돈을 넣어도 되고 직접 은행 직원에게 부탁할 수도 있어요.

은행에 저축을 하면 내가 모은 돈보다 더 많은 돈을 줘요. 이 돈을 이자라고 해요. 예를 들어 내가 1년 동안 5만 원을 모았는데, 통장에 있는 돈은 5만 천 원이 되었어요. 이때 생긴 천 원을 이자라고 해요. 돈을 더 꾸준히 많이 모은다면 이자가 커지겠지요?

용돈을 많이 저축하고 싶다면 목표를 정해 보세요. '언제까지, 얼마를 모아서, 무엇을 하겠다.'와 같이 계획을 자세하게 세우면 저축을 더 열심히 하게 될 거예요. 그러면 통장에 돈이 ❸불어나는 것을 보는 재미와 ❹보람이 생길 거예요.

- ❶ **보관해**: 물건 같은 것을 맡아서 간직하고 관리해.
- ❷ **서류**: 글자로 기록한 문서.
- ❸ **불어나는**: 수량이 본디보다 커지거나 많아지는.
- ❹ **보람**: 어떤 일을 한 뒤에 얻어지는 좋은 결과나 만족감.

어휘 문제

1 빈칸에 알맞은 낱말을 보기에서 골라 써넣으세요.

241019-0103

보기 보상, 보관, 보통, 보람

(1) 여름에는 음식을 냉장고에 ( )해야 상하지 않는다.

(2) 청소를 열심히 하고 깨끗해진 방을 보니 ( )이 느껴졌다.

2 다음 첫소리를 참고하여 빈칸에 공통으로 들어갈 낱말을 글에서 찾아 쓰세요.

241019-0104

〈첫소리〉 ㅅ ㄹ

- 주민센터에 가면 여러 가지 [ ]를 받을 수 있다.
- 엄마께서 [ ]를 집에 놓고 가셔서 회사로 가져다드렸다.

( )

정답과 해설 **8**쪽

1
241019-0105

주제 확인

이 글에서 글쓴이가 하고 싶은 말은 무엇인지 빈칸에 알맞은 말을 글에서 찾아 쓰세요.

목표를 정하고, 용돈을 □□에 저축해 보세요.

(   )

2
241019-0106

내용 이해

이 글의 내용으로 알맞은 것에는 ○표, 알맞지 않은 것에는 ×표를 하세요.

(1) 은행은 사람들의 돈을 맡아 주거나 빌려주는 곳이다. (   )

(2) 은행에서 통장을 만들려면 부모님과 함께 가야 한다. (   )

(3) 용돈을 받으면 저금통에 넣어 두었다가 필요할 때마다 써야 한다. (   )

241019-0107

적용

저축 목표를 가장 자세하게 세운 친구의 이름을 쓰세요.

지연: 저축을 열심히 해서 부자가 될 거야.
희수: 용돈을 절대 안 쓰고 무조건 다 모을 거야. 통장에 돈이 많을수록 좋으니까.
성훈: 5학년 겨울 방학까지 한 달에 2천 원씩 저축해서 십만 원이 되면 블록을 살 거야.

(   )

241019-0108

추론

통장에 저금하지 않은 천 원이 생겼습니다. 이것은 무엇인지 글에서 찾아 쓰세요.

○○은행

거래일	내용	맡기신 금액	남은 금액
0902	용돈	10,000	10,000
1002	용돈	10,000	20,000
1102	용돈	10,000	30,000
1202	용돈	10,000	40,000
0102	용돈	10,000	50,000
0130		1,000	51,000

(   )

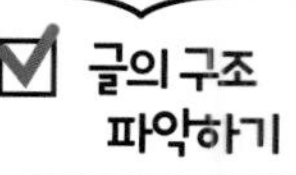

빈칸에 알맞은 말을 글에서 찾아 써넣으세요.

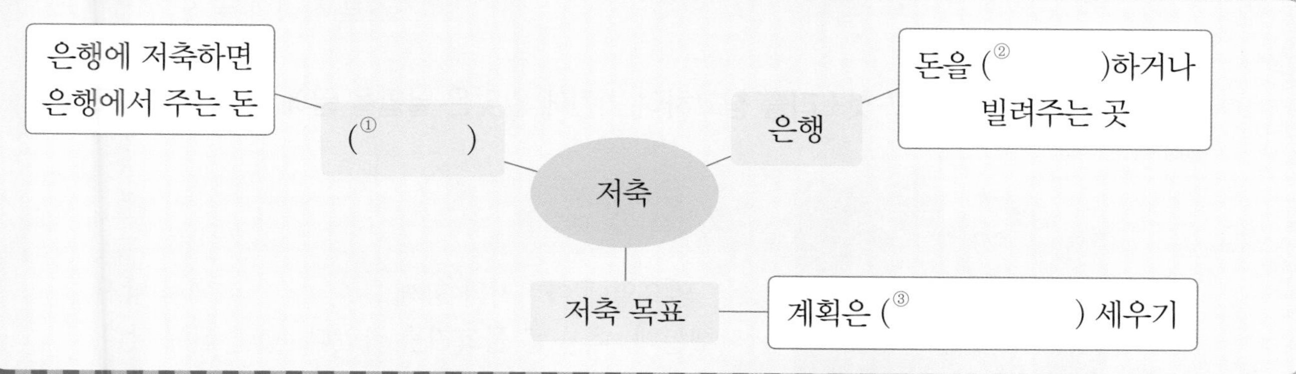

2주 5일 ❶강

물에서 살아요

공부한 날 월 일

강과 호수에는 ❶생물이 많이 살고 있어요. 물에 사는 식물에는 부레옥잠, 개구리밥, 수련, 검정말, 나사말, 갈대, 미나리 등이 있고, 물에 사는 동물에는 소금쟁이, 물거미, 물자라, 장구애비, 물방개, 납자루, 우렁이, 게아재비, 개구리, 수달 등이 있어요. 이렇게 물에 사는 생물은 그 특징에 따라 ❷다양한 기준을 세워 ❸분류할 수 있어요.

사는 곳에 따라 물 위, 물속, 물가에 사는 것으로 나눌 수 있어요. 물 위에 사는 식물에는 부레옥잠, 개구리밥, 수련이 있고, 물 위에 사는 동물에는 소금쟁이가 있어요. 검정말, 나사말은 물속에 사는 식물이고, 물거미, 물자라, 장구애비, 물방개 등은 물속에 사는 동물이에요. ❹물가에 사는 식물에는 갈대, 미나리가 있고, 물가에 사는 동물에는 개구리와 수달이 있어요.

물에 사는 동물은 다리가 있는 것과 없는 것으로 분류할 수도 있어요. 소금쟁이, 물방개, 물자라, 개구리, 수달 등은 다리가 있지만 우렁이와 납자루는 다리가 없어요.

낱말 풀이

❶ **생물**: 동물, 식물 등 생명을 가지고 스스로 살아가는 것.
❷ **다양한**: 모양, 빛깔, 형태, 양식 등이 여러 가지로 많은.
❸ **분류할**: 여러 종류에 따라 나눌.
❹ **물가**: 바다나 강과 같이 물이 있는 곳의 가장자리.

어휘 문제

1 **다음 낱말과 낱말의 뜻을 알맞게 선으로 이으세요.**

241019-0109

(1) 생물 • • ① 여러 종류에 따라 나눔.

(2) 분류 • • ② 동물, 식물 등 생명을 가지고 스스로 살아가는 것.

2 **다음 그림을 보고 첫소리를 참고하여 빈칸에 알맞은 낱말을 글에서 찾아 써넣으세요.**

241019-0110

〈첫소리〉 ㅁㄱ

일요일에 아버지와 함께 ( )에서 낚시를 했는데, 내가 큰 물고기를 잡았다. 정말 신이 났다.

정답과 해설 8쪽

주제 확인

1 이 글에서 설명하는 내용으로 알맞은 것을 두 가지 고르세요. (　　　,　　　)

241019-0111

① 물에 사는 식물　② 땅에 사는 동물　③ 물에 사는 동물
④ 알을 낳는 동물　⑤ 물속에서 꽃이 피는 식물

내용 이해

2 물에 사는 동물이 아닌 것은 무엇인가요? (　　　)

241019-0112

① 물거미　② 우렁이　③ 게아재비　④ 소금쟁이　⑤ 개구리밥

적용

3 물에 사는 식물을 다음과 같이 분류할 때, 그 기준으로 알맞은 것에 ○표를 하세요.

241019-0113

검정말, 나사말	갈대, 미나리

(1) 물속에 사는 것과 물가에 사는 것 (　　　)
(2) 이름이 두 글자인 것과 세 글자인 것 (　　　)
(3) 강과 호수에 사는 것과 바다에 사는 것 (　　　)

추론

4 다음 생물들의 공통점을 두 가지 고르세요. (　　　,　　　)

241019-0114

수련, 부레옥잠

① 식물이다.　② 동물이다.　③ 땅에 산다.
④ 물에 산다.　⑤ 다리가 있다.

글의 구조 파악하기 빈칸에 알맞은 말을 글에서 찾아 써넣으세요.

물에 사는 생물

물에 사는 (① 　　)		물에 사는 식물
소금쟁이	물 위	부레옥잠, 개구리밥, 수련
물거미, 물방개, 물자라, 장구애비	물속	검정말, 나사말
개구리, 수달	(② 　　)	(③ 　　), 미나리

물에 사는 동물들

공부한 날 월 일

물에 사는 동물의 특징을 알아볼까요?

물 위에 사는 소금쟁이는 다리에 기름기가 묻어 있는 털이 나 있어서 물에 빠지지 않고 잘 뜰 수 있어요. 그래서 물 위를 스케이트를 타는 것처럼 쓱쓱 미끄러지듯이 다녀요. 세 쌍의 다리 중 가장 짧은 앞다리로는 먹이를 잡고, 긴 가운뎃다리와 뒷다리로 물을 젓고 방향을 잡아요.

물방개는 물속을 헤엄치기에 좋은 노처럼 생긴 뒷다리를 가지고 있으며, 날개와 배 사이에 공기를 저장해요. ❶먹성이 아주 좋아서 물속 청소부라는 별명을 가지고 있기도 해요.

물거미는 물속에 공기 방울 집을 짓고 살면서 하루살이 ❷애벌레 등을 잡아먹어요. 게아재비는 다리가 가늘고 길어서 헤엄치기보다는 다리로 기어다니기를 잘해요.

장구애비는 꽁무니에 긴 대롱이 있어서 이 대롱을 물 밖으로 내밀어 공기를 들이마셔요. 물자라 암컷은 수컷의 등에 알을 낳아요. 그러면 물자라 수컷은 알을 [㉠] 위해 등에 업고 다니지요.

납자루는 물이 깨끗하고 물풀이 ❸무성한 곳에 살며, ❹산란기가 되면 수컷이 화려한 색깔을 띠어요. 암컷은 조개 몸속에 알을 낳아서 새끼 물고기로 안전하게 자라게 해요.

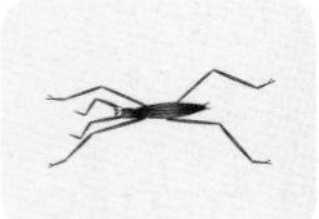

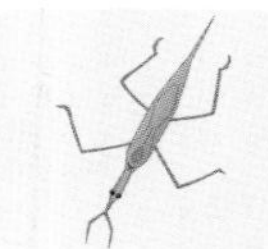

낱말 풀이

❶ **먹성**: 음식을 좋아하고 싫어하는 성미.
❷ **애벌레**: 알에서 나온 후 아직 다 자라지 아니한 벌레.
❸ **무성한**: 풀이나 나무가 자라서 우거진.
❹ **산란기**: 알을 낳을 시기.

어휘 문제

1 다음 낱말과 그 뜻을 알맞게 선으로 이으세요.

241019-0115

(1) 산란기 •

(2) 애벌레 •

• ① 알을 낳을 시기.

• ② 알에서 나온 후 아직 다 자라지 않은 벌레.

2 빈칸에 알맞은 낱말을 보기에서 골라 써넣으세요.

241019-0116

보기 특성, 무성, 먹성, 반성

(1) 여름이 되면 숲에 나무와 풀이 (   )하게 자란다.

(2) 형은 (   )이 좋아서 가리는 것 없이 다 잘 먹는다.

정답과 해설 8쪽

주제 확인

1 241019-0117

이 글에서 설명하는 내용은 무엇인지 빈칸에 알맞은 말을 글에서 찾아 쓰세요.

물에 사는 동물의 □□

(　　　　　　　　)

내용 이해

2 241019-0118

물에 사는 동물과 그 특징을 알맞게 선으로 이으세요.

(1) 물거미 •　　　　• ① 꽁무니에 긴 대롱이 있다.

(2) 소금쟁이 •　　　　• ② 물속에 공기 방울 집을 짓고 산다.

(3) 장구애비 •　　　　• ③ 다리에 기름기가 묻어 있는 털이 나 있다.

적용

3 241019-0119

납자루를 관찰하기에 알맞은 장소는 어디인지 ○표를 하세요.

(1) (　　　)　　　　(2) (　　　)

추론

4 241019-0120

물자라 수컷은 알을 잘 돌보는 특징이 있습니다. 이런 특징을 참고할 때, ㉠에 들어갈 알맞은 말은 무엇인가요? (　　　)

① 낳기　　② 버리기　　③ 보호하기　　④ 저장하기　　⑤ 헤엄치기

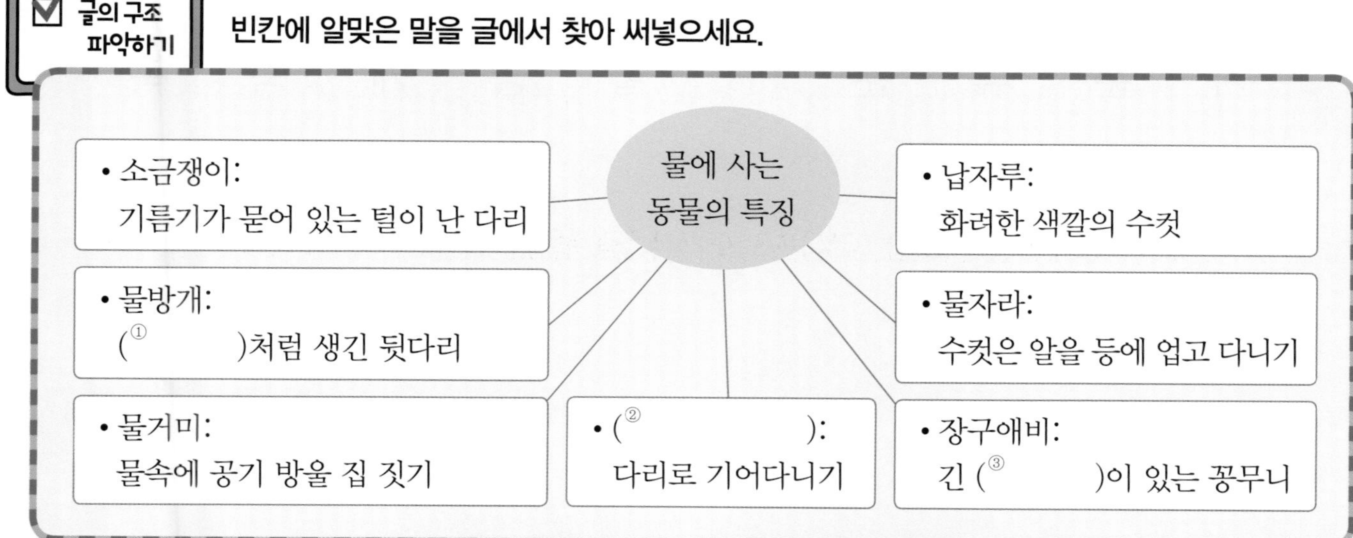

정답과 해설 9쪽

❀ 보기 에 있는 낱말을 찾아 색칠해 보세요.

보기 사물놀이, 플라스틱, 타악기, 도매 시장, 태양, 분류, 재활용, 은행, 보름달, 물방개

사	자	플	라	스	틱	별	태	수	기
동	물	건	면	납	자	루	양	련	타
재	건	놀	돌	보	름	달	음	악	용
활	슈	더	이	도	장	참	기	수	돈
용	퍼	도	매	시	장	새	저	은	행
기	분	류	문	구	물	방	개	축	복

3주

주제	학습 내용	학습 완료일
1일 수학	❶강 길이와 무게 길이나 무게를 비교하는 방법을 알려 주는 글입니다. ❷강 넓이와 들이 넓이나 들이를 비교하는 방법을 알려 주는 글입니다.	월 일 맞은 문제 수 개/12개 확인
2일 사회	❶강 공공장소 예절 공공장소를 이용할 때 지켜야 할 예절을 소개하는 글입니다. ❷강 층간 소음 줄이기 층간 소음의 뜻과 예를 알려 주고, 층간 소음을 예방하는 방법을 설명하는 글입니다.	월 일 맞은 문제 수 개/12개 확인
3일 과학	❶강 몸이 아프면 어떻게 해야 할까요? 집, 학교, 놀이터에서 몸이 아프거나 다쳤을 때 해야 할 일을 알려 주는 글입니다. ❷강 몸이 아프면 어디로 가야 할까요? 몸이 아플 때 가야 하는 병원의 종류를 설명하는 글입니다.	월 일 맞은 문제 수 개/12개 확인
4일 사회	❶강 태극기를 소개해요 흰색 바탕, 태극, 4괘를 중심으로 태극기에 담긴 뜻을 설명하는 글입니다. ❷강 태극기는 이렇게 달아요 태극기를 다는 날과 태극기를 다는 방법을 설명하는 글입니다.	월 일 맞은 문제 수 개/12개 확인
5일 과학/체육	❶강 잘 자면 키가 쑥쑥 키가 크기 위해 잠을 얼마나 어떻게 자야 하는지를 알려 주는 글입니다. ❷강 운동하면 몸이 튼튼 체력을 기르기 위한 운동의 종류를 소개하고, 운동의 실천 단계를 설명하는 글입니다.	월 일 맞은 문제 수 개/12개 확인

1일 ❶강 길이와 무게

공부한 날 월 일

누구의 줄넘기가 더 긴지, 누구의 공이 더 무거운지 ❶비교해 본 적이 있나요? 가끔 길이나 무게 등을 비교해야 하는 상황이 생길 때가 있어요. 이때 ❷자나 ❸저울을 사용하지 않아도 길이와 무게를 비교할 수 있어요.

길이는 비교하려는 물건의 한쪽 끝을 맞추어 다른 쪽 끝의 차이를 비교해요. 두 가지 물건의 길이를 비교하는 말에는 '더 길다, 더 짧다' 등이 있어요. 빨간색 줄넘기와 파란색 줄넘기의 길이를 비교할 때, '빨간색 줄넘기가 파란색 줄넘기보다 더 짧다.' 또는 '파란색 줄넘기가 빨간색 줄넘기보다 더 길다.'라고 표현해요.

무게는 물건을 직접 들어 보거나, 책이나 텔레비전에서 본 ❹경험을 통해 비교할 수 있어요. 두 가지 물건의 무게를 비교하는 말에는 '더 무겁다, 더 가볍다' 등이 있어요. 풍선과 야구공의 무게를 비교하면, '야구공이 풍선보다 더 무겁다.' 또는 '풍선이 야구공보다 더 가볍다.'라고 표현해요.

세 가지 물건의 길이나 무게도 비교할 수 있어요. 이때에는 '가장 길다, 가장 짧다', '㉠가장 무겁다, 가장 가볍다'라는 말을 쓸 수 있어요.

낱말 풀이

❶ **비교해**: 둘 이상의 것을 함께 놓고 어떤 점이 같고 다른지 살펴봐.
❷ **자**: 길이를 재는 데 쓰는 도구.
❸ **저울**: 무게를 재는 기구를 두루 이르는 말.
❹ **경험**: 자신이 실제로 해 보거나 겪어 봄.

어휘 문제

1 다음 첫소리를 참고하여 주어진 뜻에 알맞은 낱말을 글에서 찾아 쓰세요.

241019-0121

〈첫소리〉 ㅂㄱ — 둘 이상의 것을 함께 놓고 어떤 점이 같고 다른지 살펴봄. (   )

2 빈칸에 알맞은 낱말을 보기에서 골라 써넣으세요.

241019-0122

보기 자, 저울, 경험, 길이

(1) 수박의 무게를 재려면 (   )이/가 필요하다.
(2) 작가가 되려면 풍부한 (   )이/가 필요하다.

주제 확인

1 이 글의 중심 내용을 두 가지 고르세요. (　　　,　　　)

241019-0123

① 길이를 비교하는 방법
② 나이를 비교하는 방법
③ 넓이를 비교하는 방법
④ 무게를 비교하는 방법
⑤ 색깔을 비교하는 방법

내용 이해

2 이 글의 내용으로 알맞은 것을 모두 골라 ○표를 하세요.

241019-0124

(1) 자를 사용하여 길이를 비교할 수 있다. (　　　)
(2) 길이는 직접 들어 보아 비교할 수 있다. (　　　)
(3) 두 가지 물건의 무게만 비교할 수 있다. (　　　)
(4) 저울을 사용하여 무게를 비교할 수 있다. (　　　)

적용

3 그림 속 두 물건의 길이를 비교하는 말을 글에서 찾아 빈칸에 각각 써넣으세요.

241019-0125

(1) 연필은 가위보다 더 (　　　　).
(2) 가위는 연필보다 더 (　　　　).

추론

4 다음 중 ㉠과 같이 표현할 수 있는 물건에 ○표를 하세요.

241019-0126

(1) (　　　)　(2) (　　　)　(3) (　　　)

글의 구조 파악하기

빈칸에 알맞은 말을 글에서 찾아 써넣으세요.

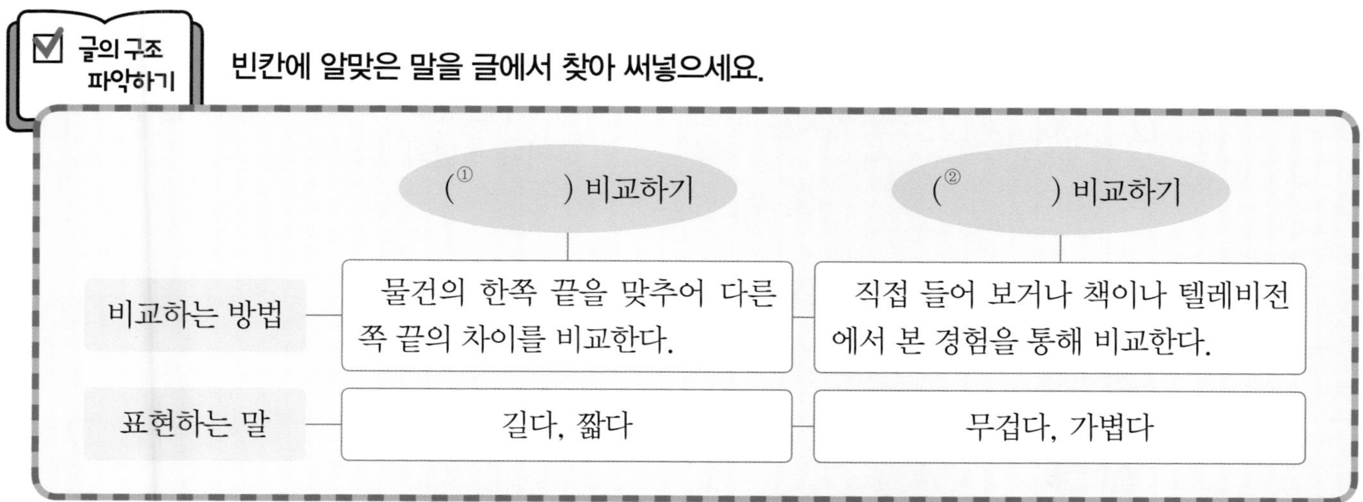

넓이와 들이

공부한 날 월 일

❶넓이를 비교할 때는 눈으로 확인해서 비교하거나 서로 겹치거나 맞대어서 비교할 수 있어요. 두 가지 물건의 넓이를 비교하는 말에는 '더 넓다, 더 좁다' 등이 있어요. 스케치북과 공책의 넓이를 비교하면 '스케치북이 공책보다 더 넓다.' 또는 '공책이 스케치북보다 더 좁다.'라고 표현해요. 세 가지 물건의 넓이를 비교하는 말에는 '가장 넓다, 가장 좁다' 등이 있어요. ㉠스케치북, 공책, 메모지의 넓이를 비교하면 '스케치북이 가장 넓다.' 또는 '메모지가 가장 좁다.'라고 표현해요.

들이는 통이나 그릇 안에 담을 수 있는 양을 뜻해요. 담을 수 있는 양을 비교할 때는 눈으로 ❷확인하거나 직접 물을 담아 비교할 수 있어요. 두 가지 그릇에 담을 수 있는 양을 비교하는 말에는 '더 많다, 더 적다' 등이 있어요. ❸양동이와 물병에 담을 수 있는 양을 비교하면 '양동이가 물병보다 담을 수 있는 양이 더 많다.' 또는 '물병이 양동이보다 담을 수 있는 양이 더 적다.'라고 표현해요. 세 가지 그릇에 담을 수 있는 양을 비교하는 말에는 '가장 많다, 가장 적다' 등이 있어요. 양동이, 물병, 컵에 담을 수 있는 양을 비교하면 '양동이에 담을 수 있는 양이 가장 많다.' 또는 '컵에 담을 수 있는 양이 가장 적다.'라고 표현해요.

낱말 풀이

❶ **넓이**: 어떤 장소나 물건이 차지하는 공간이나 평면의 넓은 정도.

❷ **확인하거나**: 틀림없이 그러한가를 알아보거나 인정하거나.

❸ **양동이**: 한 손으로 들 수 있도록 손잡이를 단 들통.

어휘 문제

1 **다음 낱말과 그 뜻을 알맞게 선으로 이으세요.**

241019-0127

(1) 넓이 • • ① 통이나 그릇 안에 담을 수 있는 양.

(2) 들이 • • ② 어떤 장소나 물건이 차지하는 공간이나 평면의 넓은 정도.

2 **다음 물건을 나타내는 말을 보기에서 골라 쓰세요.**

241019-0128

보기 그릇, 물병, 양동이

( )

정답과 해설 9쪽

주제 확인

1 이 글에서 설명하는 내용은 무엇인지 빈칸에 알맞은 말을 글에서 찾아 각각 쓰세요.

241019-0129

여러 물건의 □□와 □□를 비교하는 방법과 표현하는 말

(,)

내용 이해

2 가장 많은 양을 담을 수 있는 물건에 ○표를 하세요.

241019-0130

(1) 물병 ( )

(2) 양동이 ( )

(3) 컵 ( )

적용

3 ㉠의 넓이를 알맞게 비교한 친구의 이름을 쓰세요.

241019-0131

규식: 스케치북과 공책과 메모지를 겹쳐 보니, 메모지가 가장 넓었어.
초희: 스케치북과 공책을 눈으로 확인해 보니, 공책이 스케치북보다 더 좁았어.

( )

추론

4 다음 대화를 보고, 빈칸에 알맞은 말을 글에서 찾아 써넣으세요.

241019-0132

내 물병에는 종이컵 3개만큼의 물을 담을 수 있어.

내 물병에는 종이컵 4개만큼의 물을 담을 수 있어.

여학생의 물병이 남학생의 물병보다 담을 수 있는 양이 더 ( ).

글의 구조 파악하기 빈칸에 알맞은 말을 글에서 찾아 써넣으세요.

	넓이 비교하기	들이 비교하기
비교하는 방법	• (①)으로 확인한다. • 서로 겹치거나 맞대어 본다.	• 눈으로 확인한다. • 직접 (③)을 담아 본다.
표현하는 말	넓다, (②)	(④), 적다

공공장소 예절

❀ 공부한 날 월 일

공공장소란 우리 주변에 있는 식당, 도서관, 영화관, 은행, ❶전시장, 학교, ❷대중교통, 공원 등 여러 사람이 함께 이용하는 곳을 말해요. 공공장소를 이용할 때는 다른 사람들에게 불편을 끼치지 않는 것이 중요해요.

모든 공공장소에서 공통으로 지켜야 할 ❸예절은 큰 소리로 떠들거나 뛰어다니지 않아야 한다는 것이에요. 버스를 타고 내릴 때는 차례를 지키고, 버스 안에서 휴대 전화를 사용하게 되면 작은 소리로 짧게 통화해요. 버스 안에 쓰레기를 버리지 않고 노약자석과 임산부 배려석 등에 앉지 않아요. 식당에서는 음식을 흘리지 않도록 조심하고 음식으로 장난치지 말아야 해요. 그리고 자기 자리에 앉아서 식사해요. 영화관에서는 정해진 ❹좌석을 찾아서 앉고 앞 좌석을 발로 차지 않아요. [㉠]에서는 전시된 작품을 함부로 만지지 않아야 하며 음식을 먹어서는 안 돼요.

우리가 생활 속에서 공공장소 예절을 잘 지킨다면 이웃과 더불어 살아가는 살기 좋은 마을을 만들 수 있을 거예요.

낱말 풀이

❶ **전시장**: 물품을 차려 놓고 보이는 곳.
❷ **대중교통**: 여러 사람이 이용하는 버스, 지하철 따위의 교통. 또는 그러한 교통수단.
❸ **예절**: 예의에 관한 모든 절차나 질서.
❹ **좌석**: 앉을 수 있게 마련된 자리.

어휘 문제

1 다음 낱말과 그 뜻을 알맞게 선으로 이으세요.

241019-0133

(1) 좌석 • • ① 앉을 수 있게 마련된 자리.

(2) 대중교통 • • ② 여러 사람이 이용하는 버스, 지하철 따위의 교통. 또는 그러한 교통수단.

2 빈칸에 공통으로 들어갈 낱말을 보기에서 골라 쓰세요.

241019-0134

보기 예절, 약속

선생님께 [ ]을 갖추어 인사하고, 공공장소에서 다른 사람들을 불편하게 하지 않기 위해 [ ]을 지켜야 합니다.

( )

정답과 해설 10쪽

주제 확인

1 이 글에서 설명하는 내용은 무엇인지 빈칸에 알맞은 말을 글에서 찾아 쓰세요.

241019-0135

여러 사람이 함께 이용하는 곳에서는 □□□□ 예절을 지켜야 한다.

( )

내용 이해

2 다음 중 공공장소로 묶이지 않은 것은 무엇인가요? ( )

241019-0136

① 공원, 식당 ② 은행, 공원 ③ 학교, 도서관
④ 영화관, 대중교통 ⑤ 대중교통, 단독 주택

적용

3 다음 대화에서 공공장소 예절을 잘 지킨 두 친구를 찾아 이름을 쓰세요.

241019-0137

정수: 전시장에 전시된 작품을 만져 보고 싶었지만, 만지지 않고 눈으로만 보았어.
지민: 버스 안에서 휴대 전화로 친구랑 통화할 때, 친구에게 목소리가 잘 안 들릴까 봐 큰 소리로 말했어.
서희: 엄마와 함께 영화관에 갔을 때, 내 좌석에 앉은 후 앞 좌석을 발로 차지 않도록 조심하며 영화를 봤어.
가영: 내 생일날에 가족과 함께 식당에 갔는데, 내 생일이라 기분도 좋고 식당도 아주 넓어서 마음껏 뛰어다녔어.

(,)

추론

4 ㉠에 들어갈 공공장소의 이름을 글에서 찾아 쓰세요.

241019-0138

( )

빈칸에 알맞은 말을 글에서 찾아 써넣으세요.

(①)

- 뜻: 여러 사람이 함께 이용하는 곳
- 예절:
  - 모든 곳: 큰 소리로 떠들거나 뛰어다니지 않기
  - 버스: (②)를 지켜 타고 내리고, 휴대 전화 사용 시 작은 소리로 짧게 통화하기 등
  - 식당: 음식으로 장난치지 말고, 자리에 앉아서 식사하기 등
  - 영화관: 정해진 좌석에 앉고, 앞 좌석을 발로 차지 않기
  - 전시장: 전시된 작품을 (③) 않고, 음식을 먹지 않기

층간 소음 줄이기

공부한 날 월 일

공동 주택은 아파트나 빌라처럼 한 건물 안에서 여러 사람이 각각 생활할 수 있게 만들어진 집이에요. 우리나라에는 공동 주택에 사는 사람들이 점점 늘어나면서 다툼이 심해지고 있어요. 그중에서 ❶층간 ❷소음 문제가 자주 발생해요.

층간 소음이란 공동 주택에서 위아래 층에 발생하는 시끄러운 소리를 말해요. 예를 들어, 가구 끄는 소리, 큰 물건을 떨어뜨리는 소리, 아이들이 뛰어다니는 소리, 맨발로 걸을 때 나는 쿵쿵 소리, 반려동물 소리, 텔레비전이나 악기 소리 등이에요.

공동 주택에서 함께 잘 살아가려면 층간 소음을 ❸예방하기 위해 노력해야 해요. 실내에서 일상생활을 할 때는 바닥이 푹신한 충격 방지 실내화를 신거나 바닥에 매트 등을 까는 것이 층간 소음을 줄이는 데 도움이 돼요. 쿵쾅거리며 뛰지 않도록 하고, 늦은 밤이나 이른 아침에는 세탁기나 청소기 등 소음이 발생하는 가전 제품, 피아노나 드럼 등 소리가 큰 악기는 되도록 사용하지 않아야 해요.

이웃이 층간 소음으로 인해 스트레스를 받지 않도록 서로를 ❹배려하는 마음으로 조심히 생활해요.

❶ **층간**: 층과 층의 사이.
❷ **소음**: 불규칙하게 뒤섞여 불쾌하고 시끄러운 소리.
❸ **예방하기**: 병이나 사고 등이 생기지 않도록 미리 막기.
❹ **배려하는**: 도와주거나 보살펴 주려고 마음을 쓰는.

어휘 문제

1 다음 낱말의 뜻으로 알맞은 것에 ○표를 하세요.

241019-0139

소음

(1) 크게 부르짖거나 외치는 소리. (　　　)
(2) 불규칙하게 뒤섞여 불쾌하고 시끄러운 소리. (　　　)

2 다음 문장의 빈칸에 알맞은 낱말을 보기에서 골라 써넣으세요.

241019-0140

보기 배려, 예방

(1) 진우는 다른 사람을 먼저 (　　　　　)해 주는, 마음이 따뜻한 친구이다.
(2) 날씨가 건조한 봄에는 산불이 나지 않도록 철저히 (　　　　　)해야 한다.

정답과 해설 10쪽

주제 확인

1 이 글의 중심 생각은 무엇인지 빈칸에 알맞은 말을 글에서 찾아 쓰세요.

241019-0141

공동 주택에서 발생하는 □□ □□을 예방하기 위해 노력해야 한다.

(   )

내용 이해

2 층간 소음으로 볼 수 없는 것은 무엇인가요? (   )

241019-0142

① 가구 끄는 소리
② 반려동물의 울음소리
③ 식탁에서 밥 먹는 소리
④ 큰 물건을 떨어뜨리는 소리
⑤ 맨발로 쿵쿵거리며 걷는 소리

적용

3 층간 소음을 줄이기 위해 그림 속 친구들에게 해 줄 수 있는 말을 쓰세요.

241019-0143

추론

4 우리 집에서 층간 소음을 일으킬 때 일어날 수 있는 일은 무엇인가요? (   )

241019-0144

① 이웃집과 친하게 지낼 수 있다.
② 이웃집을 편하게 방문할 수 있다.
③ 집에서 좋아하는 놀이를 마음껏 즐길 수 있다.
④ 바깥 활동보다 집에 있는 시간이 늘어날 수 있다.
⑤ 이웃집에 불편을 주어 서로 사이가 나빠질 수 있다.

글의 구조 파악하기

빈칸에 알맞은 말을 글에서 찾아 써넣으세요.

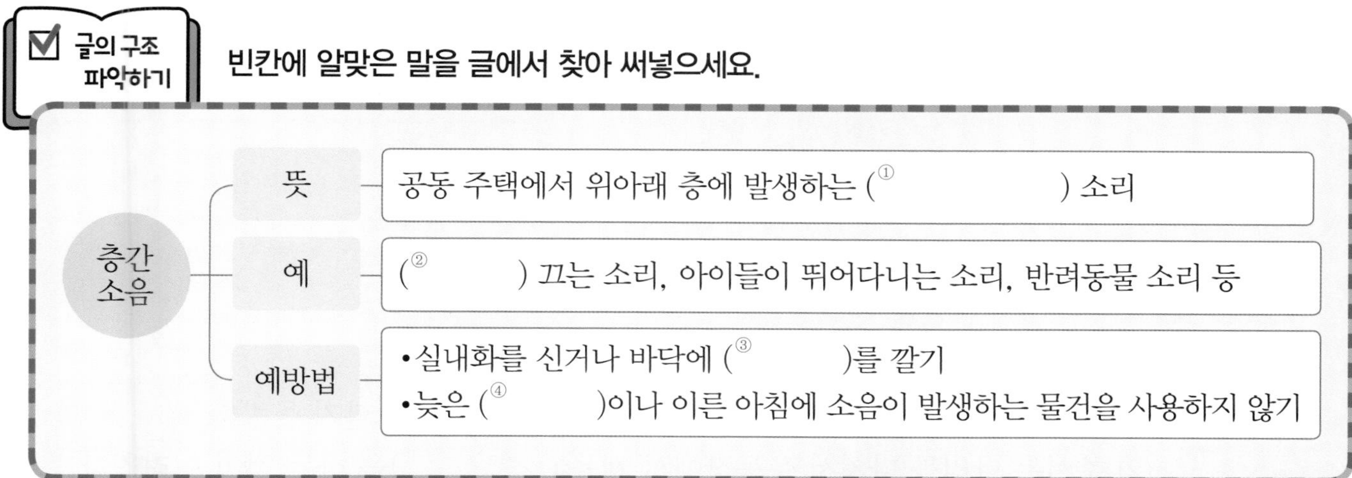

몸이 아프면 어떻게 해야 할까요?

공부한 날 월 일

우리는 가끔 몸이 아파요. 몸이 아픈 것은 몸에 이상이 생겼다는 신호이므로 빨리 ❶치료를 해야 해요. 우리가 주로 생활하는 집, 학교, 놀이터에서 몸이 아프면 어떻게 해야 할까요?

집에서 몸이 아프면 부모님께 아픈 곳을 말씀드려요. 그런 뒤 부모님과 함께 [㉠]에 가서 치료를 받아야 해요.

학교에서 아프면 먼저 활동을 멈추고 선생님께 말씀드려요. 이때 아픈 곳은 어디인지, 그곳이 어떻게 아픈지, 또 얼마나 아픈지 등을 자세히 이야기해요. 선생님께서 몸 상태에 대해 질문을 하시면 ❷분명하게 대답한 뒤 선생님 말씀을 따르면 돼요.

놀이터에서 놀고 있을 때 친구가 다치면 어떻게 해야 할까요? 휴대 전화가 있으면 친구 부모님께 전화를 걸어 친구가 다친 것을 알리고, 휴대 전화가 없으면 가까이에 계신 어른께 알려야 해요.

몸이 아플 때는 부모님이나 선생님, 또는 주위 사람에게 빨리 알리는 것이 매우 중요해요. 곧바로 ❸적절히 ❹대처하면 빨리 나을 수 있지만, 제때 치료받지 못하면 몸이 더 안 좋아질 수 있기 때문이지요.

낱말 풀이

❶ **치료**: 병이나 상처 따위를 낫게 함.
❷ **분명하게**: 흐릿함이 없이 똑똑하고 뚜렷하게.
❸ **적절히**: 꼭 알맞게.
❹ **대처하면**: 어떤 어려운 일이나 상황을 이겨 내기에 알맞게 행동하면.

어휘 문제

1 다음 낱말과 그 뜻을 알맞게 선으로 이으세요.

241019-0145

(1) 적절히 •　　• ① 꼭 알맞게.

(2) 분명하게 •　　• ② 흐릿함이 없이 똑똑하고 뚜렷하게.

2 다음 문장의 빈칸에 알맞은 말을 보기에서 골라 써넣으세요.

241019-0146

보기 활동, 대처

(1) 민지는 갑자기 일어난 일에 어떻게 (　　　　)해야 할지 몰랐다.
(2) 준서는 다리를 다쳐서 운동장에서 체육 (　　　　)을 하는 것이 어려웠다.

주제 확인

1 이 글의 중심 내용으로 알맞은 것에 ○표를 하세요.

241019-0147

(1) 몸이 아프거나 다쳤을 때 해야 할 일 ( )
(2) 몸이 아프거나 다쳤을 때 가야 할 곳 ( )

내용 이해

2 학교에서 몸이 아플 때 가장 먼저 해야 할 일을 골라 기호를 쓰세요.

241019-0148

㉮ 선생님이 말씀하시는 대로 따른다.
㉯ 선생님의 질문을 잘 듣고 분명하게 대답한다.
㉰ 활동을 멈추고 선생님께 아프다는 것을 알린다.

( )

적용

3 선생님의 질문에 알맞게 답한 친구의 이름을 쓰세요.

241019-0149

선생님: 몸이 아플 때 부모님이나 선생님 또는 주위 사람에게 빨리 알리는 것이 왜 중요할까요?
혜수: 빨리 알려야 학교에 가지 않을 수 있기 때문이에요.
소연: 빨리 알려야 사람들로부터 칭찬을 받을 수 있기 때문이에요.
미라: 제때 치료받지 못하면 몸이 더 안 좋아질 수 있기 때문이에요.

( )

추론

4 ㉠에 들어갈 알맞은 장소는 어디인가요? ( )

241019-0150

① 공원 ② 병원 ③ 은행 ④ 학교 ⑤ 학원

빈칸에 알맞은 말을 글에서 찾아 써넣으세요.

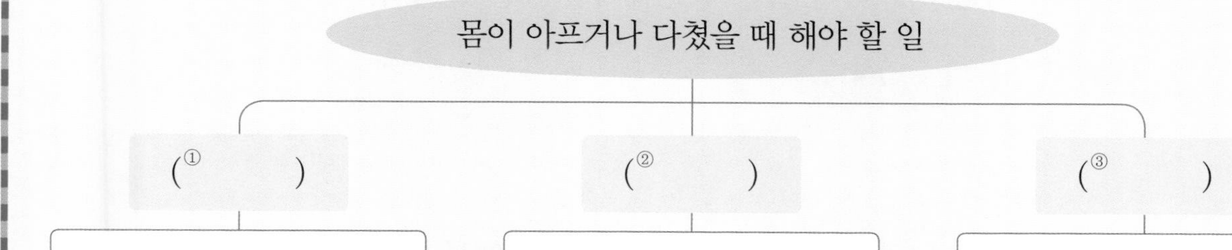

3일 ❷강

몸이 아프면 어디로 가야 할까요?

공부한 날 월 일

우리는 몸이 병들어 아프거나 다쳤을 때 병원에 가요. 병원은 아픈 사람을 ❶진찰하고 ❷치료하는 곳이기 때문이지요.

병원의 종류는 ❸다양해요. 일반적으로 어린이들이 가장 많이 가는 병원인 소아 청소년과는 어린이나 청소년의 병을 치료하는 병원이에요. 안과는 눈의 병을 치료하는 병원이고, 이비인후과는 귀, 코, 목의 병을 치료하는 병원이에요. 치과에서는 이와 입안의 병을 치료하고, 정형외과에서는 뼈나 근육의 병을 치료해요.

따라서 몸이 아픈 ❹증상에 따라 병원을 잘 골라서 가야 해요. 만약 감기에 걸려 콧물이 나고 목이 아프다면 이비인후과나 소아 청소년과에 가야 해요. 눈병이 생겨 눈이 간지럽고 따갑다면 [㉠]에 가고, 이가 썩어서 아프다면 [㉡]에 가야 해요. 놀이터에서 놀다가 넘어져 발목이 부러졌다면 정형외과에 가야 해요. 이렇게 아픈 증상에 따라 알맞은 병원을 찾아가야 적절한 치료를 받을 수 있어요.

낱말 풀이

❶ **진찰하고**: 의사가 병을 치료하기 위하여 환자의 상태를 살피고.

❷ **치료하는**: 병이나 다친 데를 잘 다스려 낫게 하는.

❸ **다양해요**: 모양이나 빛깔, 상태가 여러 가지로 많아요.

❹ **증상**: 병에 걸렸을 때 나타나는 여러 가지 상태나 모양.

어휘 문제

1 **다음 낱말의 뜻에 알맞은 낱말을 글에서 찾아 쓰세요.**

241019-0151

(1) 병이나 다친 데를 잘 다스려 낫게 하다.

➡ (   )하다

(2) 의사가 병을 치료하기 위하여 환자의 상태를 살피다.

➡ (   )하다

2 **다음 첫소리를 참고하여 빈칸에 알맞은 낱말을 글에서 찾아 써넣으세요.**

241019-0152

〈첫소리〉
ㅈㅅ

감기에 걸리자 열이 나고 콧물이 줄줄 흐르고 목구멍이 따가운 (   )이 나타났다.

주제 확인

1 이 글의 중심 내용입니다. 빈칸에 공통으로 들어갈 말을 글에서 찾아 쓰세요.

241019-0153

> 몸이 아픈 증상에 따라 가야 하는 □□이 다르다. 그러므로 아픈 증상에 알맞은 □□을 찾아가야 한다.

( )

내용 이해

2 여러 종류의 병원에 대한 설명으로 알맞은 것을 두 가지 골라 ○표를 하세요.

241019-0154

(1) 치과는 눈의 병을 치료하는 병원이다. ( )

(2) 이비인후과는 귀, 코, 목의 병을 치료하는 병원이다. ( )

(3) 소아 청소년과는 어린이나 청소년의 병을 치료하는 병원이다. ( )

적용

3 그림 속 친구처럼 발목뼈를 다쳤을 때 치료를 받는 병원의 종류는 무엇인지 글에서 찾아 쓰세요.

241019-0155

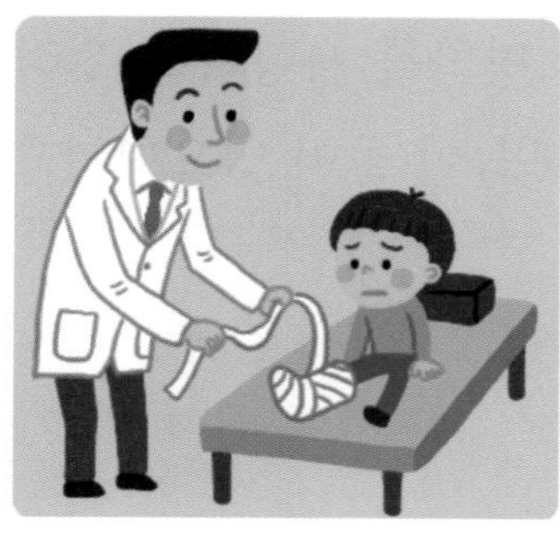

( )

추론

4 ㉠과 ㉡에 들어갈 병원의 종류는 무엇인지 각각 쓰세요.

241019-0156

(1) ㉠: ( ) (2) ㉡: ( )

빈칸에 알맞은 말을 글에서 찾아 써넣으세요.

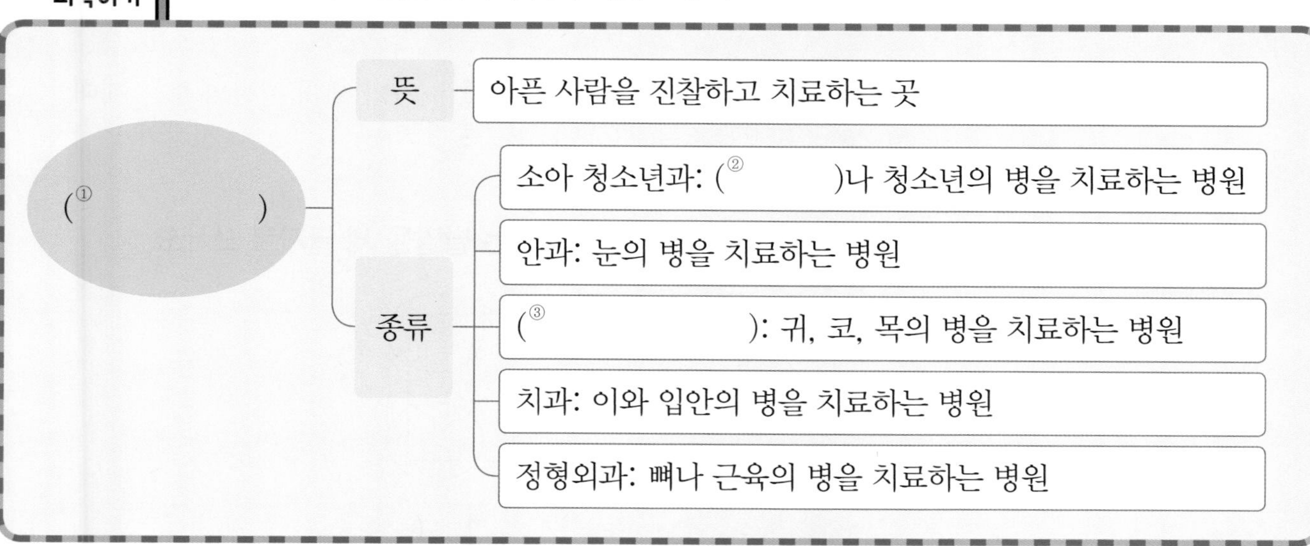

3주 4일 ❶강

태극기를 소개해요

공부한 날 월 일

태극기는 우리나라의 국기예요. 그래서 올림픽 경기가 열릴 때 우리나라를 대표하는 선수가 손에 태극기를 들고 입장하고, 올림픽 경기에서 메달을 따면 태극기가 국기 ❶게양대에 높이 올라가지요. ㉠태극기에는 어떤 뜻이 담겨 있을까요?

태극기는 흰색 바탕에 빨갛고 파란 무늬의 원과 까만 막대기로 이루어져 있어요. 흰색 바탕은 ❷평화를 사랑하는 우리 ❸조상의 마음을 나타내요. 가운데 있는 빨갛고 파란 무늬의 원은 '태극'이라고 하는데, 밝음(양)과 어둠(음)이 서로 어울리는 모습을 나타내요. 밝음을 뜻하는 빨간색과 어둠을 뜻하는 파란색이 맞물려 하나의 원을 이루고 있어요. 네 ❹모서리에 있는 까만 막대기는 '4괘'라고 하는데, 왼쪽 위에 있는 것부터 시계 방향으로 '건괘', '감괘', '곤괘', '이괘'라고 불러요. '건'은 하늘을, '곤'은 땅을, '감'은 물을, '이'는 불을 나타내지요. 밝음과 어둠이 서로 변화하면서 발전하는 모습을 이렇게 4괘로 표현한 것이에요.

이처럼 태극기 안에는 깊은 뜻이 담겨 있어요. 평화를 사랑하는 우리 조상의 마음과, 밝음과 어둠이 서로 어울려 변화하면서 발전하는 세상의 모습이 들어 있으니까요.

낱말 풀이

❶ **게양대**: 기를 높이 걸기 위하여 만들어 놓은 대.
❷ **평화**: 평온하고 화목함.
❸ **조상**: 자기 세대 이전의 모든 세대.
❹ **모서리**: 물체에서 모가 진 가장자리.

어휘 문제

1 다음 낱말과 그 뜻을 알맞게 선으로 이으세요.

241019-0157

(1) 조상 • • ① 평온하고 화목함.

(2) 평화 • • ② 자기 세대 이전의 모든 세대.

2 다음 그림에서 동그라미 표시를 한 부분을 뜻하는 낱말을 세 글자로 쓰세요.

241019-0158

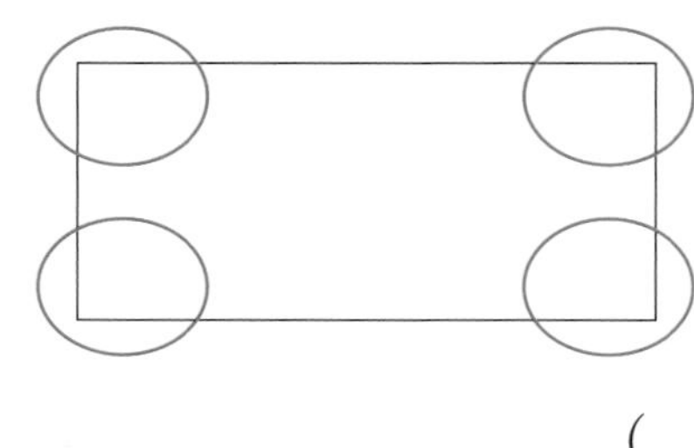

( )

1 241019-0159

주제 확인

이 글에서 설명하는 내용으로 알맞은 것은 무엇인가요? (　　　)

① 태극기에 담긴 뜻　② 태극기를 만든 사람
③ 태극기를 처음 만든 때　④ 태극기와 애국가의 비슷한 점
⑤ 태극기와 다른 나라 국기의 다른 점

2 241019-0160

내용 이해

태극과 4괘에 대한 설명을 알맞게 선으로 이으세요.

(1) 태극 •　　• ① 태극기의 네 모서리에 있는 까만 막대기

(2) 4괘 •　　• ② 태극기의 가운데에 있는 빨갛고 파란 무늬의 원

3 241019-0161

적용

태극기를 이루는 각 부분의 이름을 글에서 찾아 쓰세요.

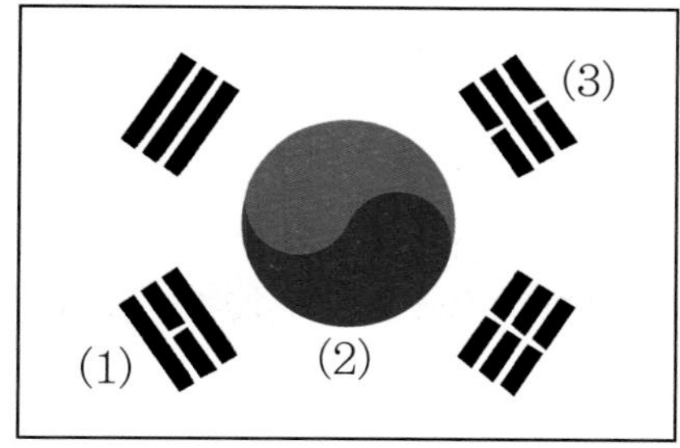

(1) (　　　　　)
(2) (　　　　　)
(3) (　　　　　)

4 241019-0162

추론

㉠에 대한 답으로 알맞은 것을 두 가지 골라 ○표를 하세요.

(1) 높은 곳에 오르고 싶은 소망 (　　)
(2) 평화를 사랑하는 우리 조상의 마음 (　　)
(3) 밝음과 어둠이 서로 어울려 변화하면서 발전하는 세상의 모습 (　　)

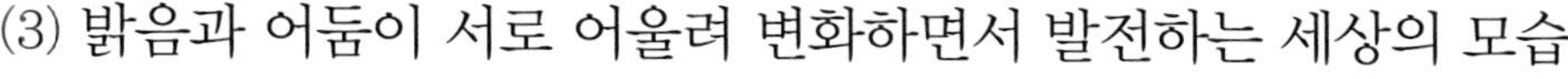

빈칸에 알맞은 말을 글에서 찾아 써넣으세요.

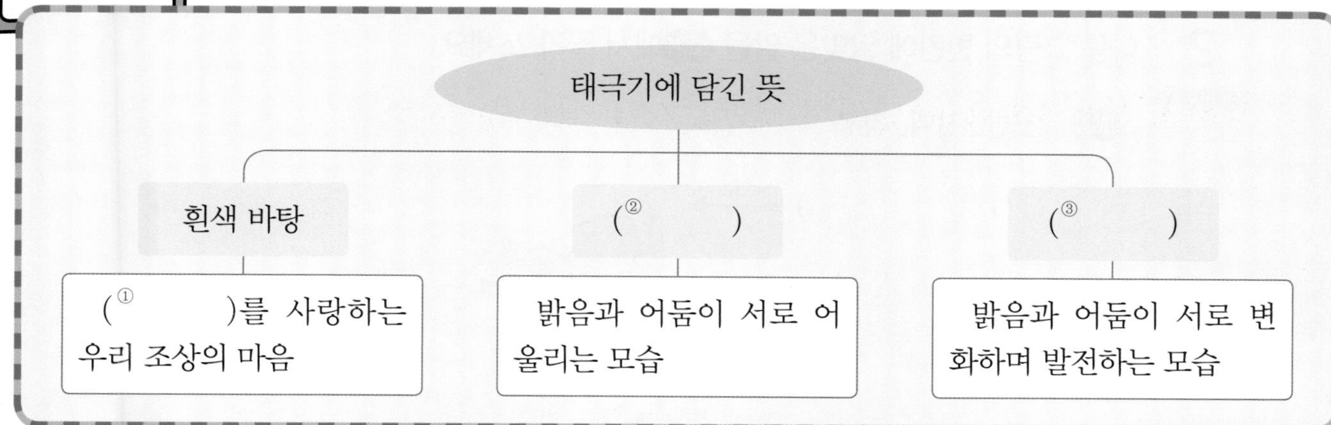

태극기는 이렇게 달아요

공부한 날 월 일

태극기는 우리나라의 중요한 날에 달아요. 중요한 날이란 나라의 기쁜 날과 슬픈 날을 말해요. 빼앗겼던 우리나라를 ❶되찾은 광복절이나 우리나라가 처음 세워진 날을 기념하는 개천절은 기쁜 날이에요. 하지만 나라를 위하여 싸우다 ❷숨진 분들을 기리는 날인 현충일은 슬픈 날이에요.

그렇다면 태극기는 어떻게 달까요? 태극 무늬의 빨간색 부분이 위로 가도록 하여, 태극기의 4괘 중 건괘가 ❸깃대 쪽으로 오게 달아요. 건물 밖에서 보았을 때 건물의 중앙이나 왼쪽에 달아요. 그리고 나라의 기쁜 날과 슬픈 날에 태극기를 다는 방법이 달라요. 나라의 기쁜 날에는 태극기를 ❹깃봉 바로 아래에 달아요. 하지만 나라의 슬픈 날에는 깃봉에서 태극기의 세로 길이만큼 내려서 달아요. 태극기를 내려서 달 때는 바닥에 닿지 않도록 조심해야 해요. 나라의 기쁜 날에는 태극기가 높이 올라가 펄럭이지만 나라의 슬픈 날에는 무거워진 우리의 마음처럼 낮게 매달려 있지요.

태극기를 올바르게 다는 방법을 배워서 나라의 중요한 날에 우리의 소중한 국기인 태극기를 멋지게 달아 보아요.

낱말 풀이

❶ **되찾은**: 다시 찾거나 도로 찾은.
❷ **숨진**: 숨이 다하여 죽은.
❸ **깃대**: 깃발을 달아매는 긴 막대기.
❹ **깃봉**: 깃대 꼭대기에 꽂는 꽃봉오리처럼 생긴 장식.

어휘 문제

1 다음 낱말이 담고 있는 내용으로 알맞은 것에 ○표를 하세요.

241019-0163

(1) 되찾은 ① 못 찾은 ( ) ② 다시 찾은 ( )

(2) 숨진 ① 숨을 쉬는 ( ) ② 숨이 끊어진 ( )

2 다음 그림의 빈칸에 알맞은 말을 보기에서 골라 쓰세요.

241019-0164

보기 깃발, 깃대, 깃봉

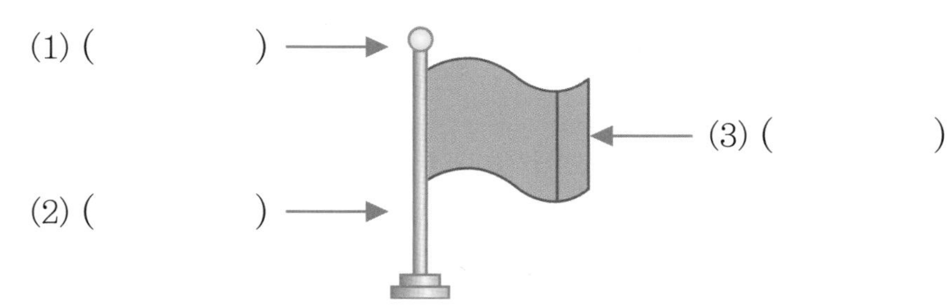

주제 확인

1 이 글에서 설명하는 내용으로 알맞은 것은 무엇인가요? (　　　　)

241019-0165

① 태극기를 다는 방법　　② 태극기를 펴는 방법
③ 태극기를 개는 방법　　④ 태극기를 그리는 방법
⑤ 태극기를 만드는 방법

내용 이해

2 태극기를 깃봉 바로 아래에 다는 날을 보기에서 두 가지 골라 쓰세요.

241019-0166

보기 개천절, 광복절, 현충일

(　　　　　　　　,　　　　　　　　)

적용

3 나라의 슬픈 날에 태극기를 단 모습으로 알맞은 것에 ○표를 하세요.

241019-0167

(1)
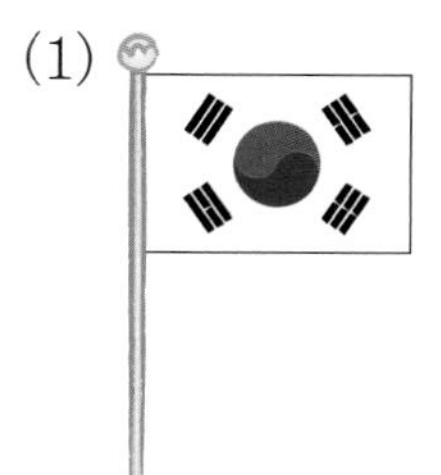
(　　　　)

(2)
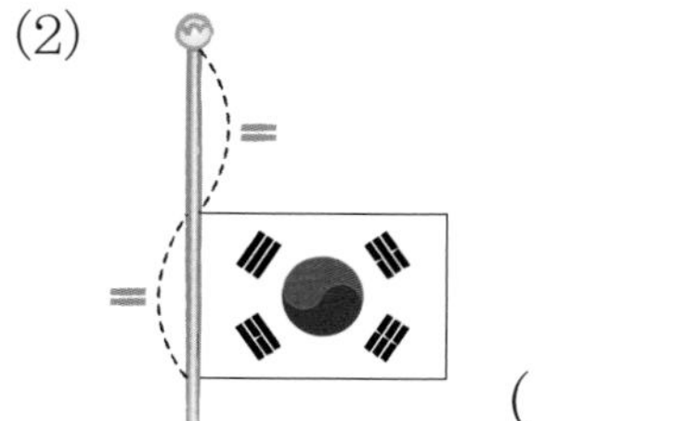
(　　　　)

추론

4 태극기를 다는 방법을 알맞게 말한 친구의 이름을 쓰세요.

241019-0168

수아: 태극 무늬의 파란색 부분이 위로 가도록 달아야 해.
형기: 건물 밖에서 보았을 때 건물의 오른쪽에 태극기를 달아야 해.
찬우: 오늘은 나라의 기쁜 날이라 깃봉 바로 아래에 태극기를 달아야 해.

(　　　　　　　　)

글의 구조 파악하기 빈칸에 알맞은 말을 글에서 찾아 써넣으세요.

태극기

- 태극기를 다는 날
  - 나라의 기쁜 날: 광복절, 개천절 등
  - 나라의 슬픈 날: 현충일 등
- 태극기를 다는 방법
  - 태극 무늬의 빨간색이 (①　　　　)로 가고, 건괘가 깃대 쪽으로 오게 단다.
  - 건물 밖에서 보았을 때 건물의 중앙이나 (②　　　　)에 단다.
  - 나라의 기쁜 날에는 깃봉 바로 (③　　　　)에 달고, 나라의 슬픈 날에는 깃봉에서 태극기의 세로 길이만큼 (④　　　　) 단다.

잘 자면 키가 쑥쑥

공부한 날 월 일

키가 크려면 음식을 골고루 먹고, 규칙적으로 운동하고, 충분히 자야 해요. 그중에서도 잠을 잘 자는 것이 아주 중요해요. 우리 몸은 잠을 자는 동안에 성장 호르몬을 내보내어 키를 크게 해 주기 때문이에요. 그런데 얼마나, 어떻게 잠을 자야 키가 쑥쑥 클까요?

첫째, ㉠잠을 자는 시간이 충분해야 해요. 키를 크게 해 주는 성장 호르몬은 잠을 자는 동안에 많이 나와요. 따라서 잠을 자는 시간이 부족하면 키가 잘 자라지 않아요. 초등학생의 경우, 하루에 10~11시간 정도로 잠을 자야 해요.

둘째, 잠을 깊이 자야 해요. 깊은 잠에 들었을 때 성장 호르몬이 특히 많이 나와요. 긴 시간 동안 잤어도 일어났을 때 피곤한 느낌이 들면 잠을 제대로 못 잔 거예요. 잠을 깊이 자려면 자기 전에 운동을 심하게 하지 말고, 휴대 전화를 비롯한 전자 기기의 빛을 보지 말아야 해요. 잠자는 방의 ❶조명은 꼭 끄고, ❷외부의 빛이 들어오지 않도록 ❸암막 커튼을 치는 것이 도움이 돼요.

잠만 잘 자도 키가 쑥쑥 자랄 수 있어요. 충분히 자고, 깊이 자도록 노력해요.

낱말 풀이
- ❶ **조명**: 빛으로 비추는 것. 또는 그 빛.
- ❷ **외부**: 밖이 되는 부분.
- ❸ **암막**: 빛이 들어오는 것을 막고 방 안을 어둡게 하기 위하여 둘러치는 검은 막.

어휘 문제

1 다음 낱말과 그 뜻을 알맞게 선으로 이으세요.

241019-0169

(1) 조명 •   • ① 빛으로 비추는 것. 또는 그 빛.

(2) 암막 •   • ② 빛이 들어오는 것을 막고 방 안을 어둡게 하기 위하여 둘러치는 검은 막.

2 다음 첫소리를 참고하여 빈칸에 알맞은 낱말을 글에서 찾아 써넣으세요.

241019-0170

〈첫소리〉 ㅇㅂ

우리나라 전통 한옥은 건물 (　　　　　)에 화장실이 있습니다.

주제 확인

1 241019-0171

이 글의 중심 생각입니다. 빈칸에 알맞은 말을 글에서 찾아 각각 쓰세요.

키가 크려면 잠을 □□□ 자고, □□ 자야 한다.

(,)

내용 이해

2 241019-0172

잠을 깊이 자기 위한 방법으로 알맞은 것에 ○표를 하세요.

(1) 잠들기 직전에 땀이 날 정도로 열심히 운동을 한다. ( )

(2) 자기 전에 텔레비전을 보거나 컴퓨터로 숙제를 한다. ( )

(3) 암막 커튼을 쳐서 바깥의 빛이 방에 들어오지 않게 한다. ( )

적용

3 241019-0173

키가 크기 위해 잠을 잘 자는 습관을 가지고 있는 두 친구를 골라 이름을 쓰세요.

- 영수는 밤 12시에 잠을 자고 아침 8시에 일어난다.
- 나연이는 하루에 잠을 자는 시간이 10시간 정도이다.
- 희철이는 잠을 잘 때 방의 불을 끄고 방을 어둡게 만든다.
- 미진이는 잠을 자기 전에 휴대 전화로 좋아하는 동영상을 본다.

(,)

추론

4 241019-0174

다음은 ㉠을 지켜야 하는 까닭입니다. 빈칸에 알맞은 말을 글에서 찾아 다섯 글자로 쓰세요.

왜냐하면 잠을 자는 동안에 [ ]이 나오기 때문이에요.

( )

글의 구조 파악하기

빈칸에 알맞은 말을 글에서 찾아 써넣으세요.

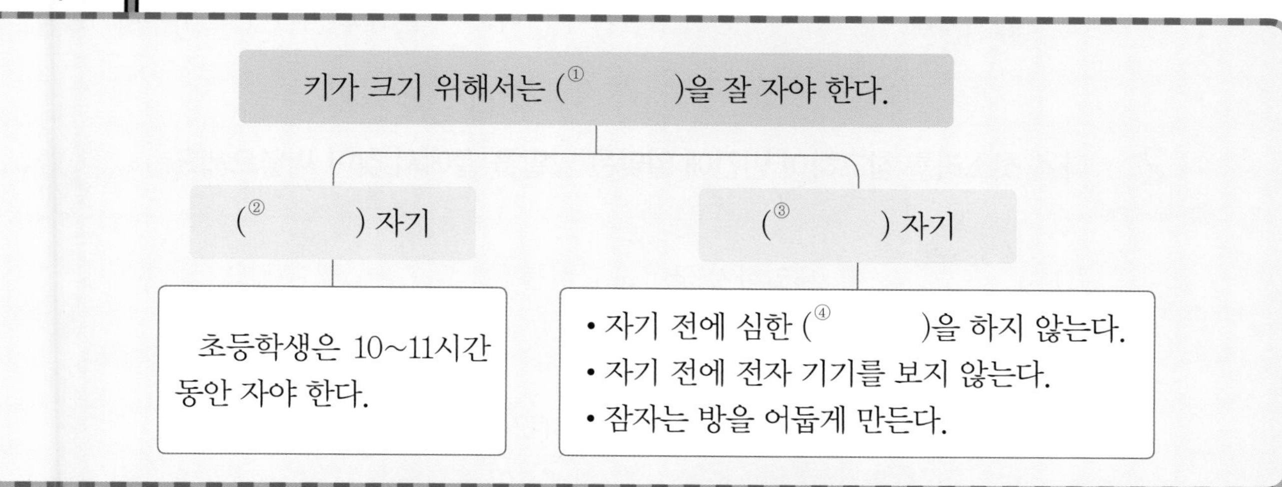

운동하면 몸이 튼튼

공부한 날 월 일

건강하게 생활하기 위해서는 체력을 길러야 해요. 체력이란 몸이 지니고 있는 힘을 말해요. 체력이 좋으면 무슨 일이든 ❶활기차게 할 수 있어요. 몸이 아플 때에도 잘 이겨 낼 수 있고, 더위나 추위도 잘 ❷견딜 수 있어요. 체력은 규칙적인 운동을 통해 기를 수 있어요.

혼자서 할 수 있는 가장 손쉬운 운동으로는 걷기와 달리기가 있어요. 동네 주변을 걷거나 학교 운동장을 달리다 보면 몸이 튼튼해질 거예요. 줄넘기는 좁은 공간에서도 쉽게 할 수 있는 운동이에요. 친구와 함께 할 수 있는 운동으로는 공을 가지고 하는 다양한 놀이가 있어요.

운동을 하기 전에는 ❸준비 운동을 해야 해요. 준비 운동은 체온을 높이고 몸을 부드럽게 만들어 다칠 위험을 줄여 줘요. 그런 다음 원래 하기로 계획한 주운동을 해요. 주운동을 마친 후에는 ❹정리 운동을 하여 주운동에서 주로 사용한 신체 부위에 무리가 가지 않도록 잘 풀어 줘야 해요. 준비 운동과 정리 운동으로는 몸과 팔다리를 쭉 펴는 [㉠]을/를 해요.

일상생활에서 쉽게 할 수 있는 운동을 꾸준히 실천하여 몸을 튼튼하게 만들면, 더 활기차고 건강하게 생활할 수 있을 거예요.

❶ **활기차게**: 힘이 넘치고 생기가 가득하게.
❷ **견딜**: 힘들거나 어려운 것을 참고 버티어 살아 나갈.
❸ **준비**: 미리 마련하여 갖춤.
❹ **정리**: 흐트러지거나 어수선한 상태에 있는 것을 한데 모으거나 치움.

어휘 문제

1 **다음 낱말과 그 뜻을 알맞게 선으로 이으세요.**

241019-0175

(1) 견디다 • • ① 힘이 넘치고 생기가 가득하다.

(2) 활기차다 • • ② 힘들거나 어려운 것을 참고 버티어 살아 나가다.

2 **다음 첫소리를 참고하여 빈칸에 알맞은 낱말을 글에서 찾아 써넣으세요.**

241019-0176

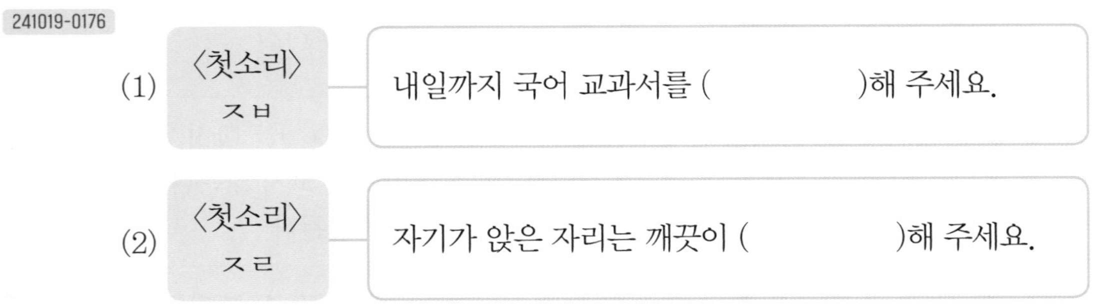

(1) 〈첫소리〉 ㅈㅂ — 내일까지 국어 교과서를 (   )해 주세요.

(2) 〈첫소리〉 ㅈㄹ — 자기가 앉은 자리는 깨끗이 (   )해 주세요.

정답과 해설 12쪽

주제 확인

1 이 글의 중심 내용은 무엇인지 빈칸에 알맞은 말을 글에서 찾아 쓰세요.

241019-0177

□□을 하면 체력이 길러져 몸이 튼튼해진다.

(   )

내용 이해

2 운동을 실천할 때의 순서대로 기호를 쓰세요.

241019-0178

㉮ 주운동　　㉯ 준비 운동　　㉰ 정리 운동

(   ) → (   ) → (   )

적용

3 다음 상황에서 경아가 할 수 있는 운동은 무엇인지 글에서 찾아 쓰세요.

241019-0179

경아는 저녁을 먹은 후 운동을 하기로 했어요. 그런데 밖이 너무 어두워서 멀리 나갈 수가 없어요. 경아네 집에는 좁지만 혼자서 움직이기에는 충분한 마당이 있어요. 경아는 마당에서 운동을 하기로 했어요.

(   )

추론

4 ㉠에 들어갈 운동으로 알맞은 것은 무엇인가요? (   )

241019-0180

① 걷기　　② 공놀이　　③ 달리기
④ 줄넘기　　⑤ 스트레칭

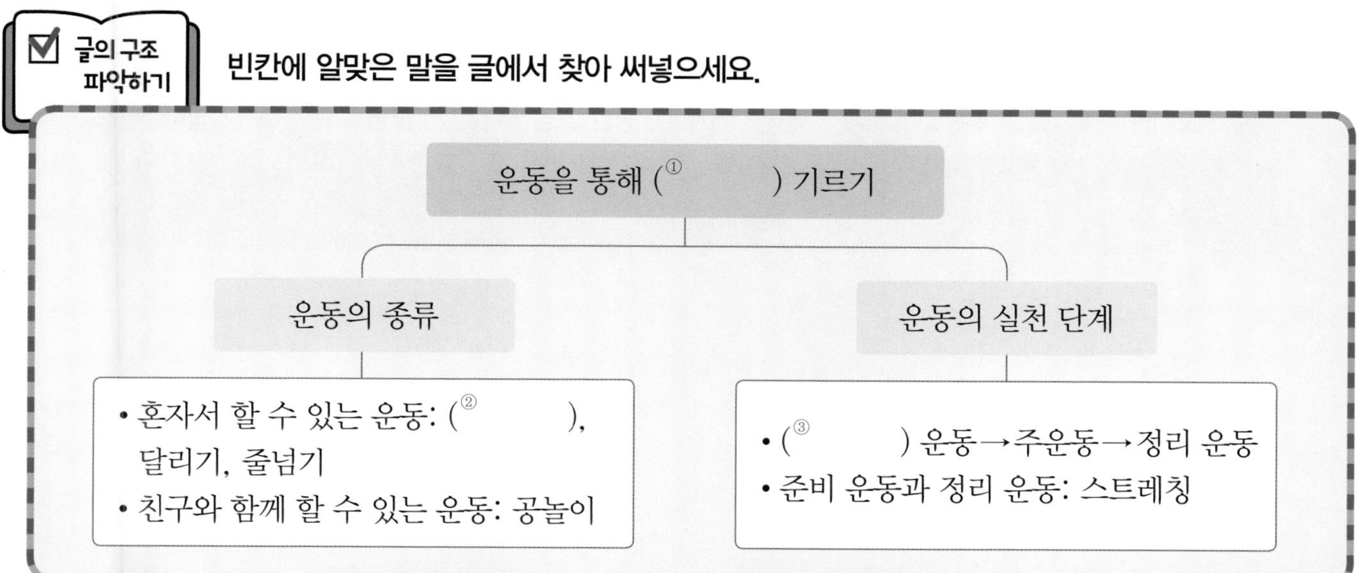

정답과 해설 13쪽

❁ 공부한 내용을 떠올려 보면서 서로 관련이 있는 말을 잇는 '사다리 타기'를 해 보아요.

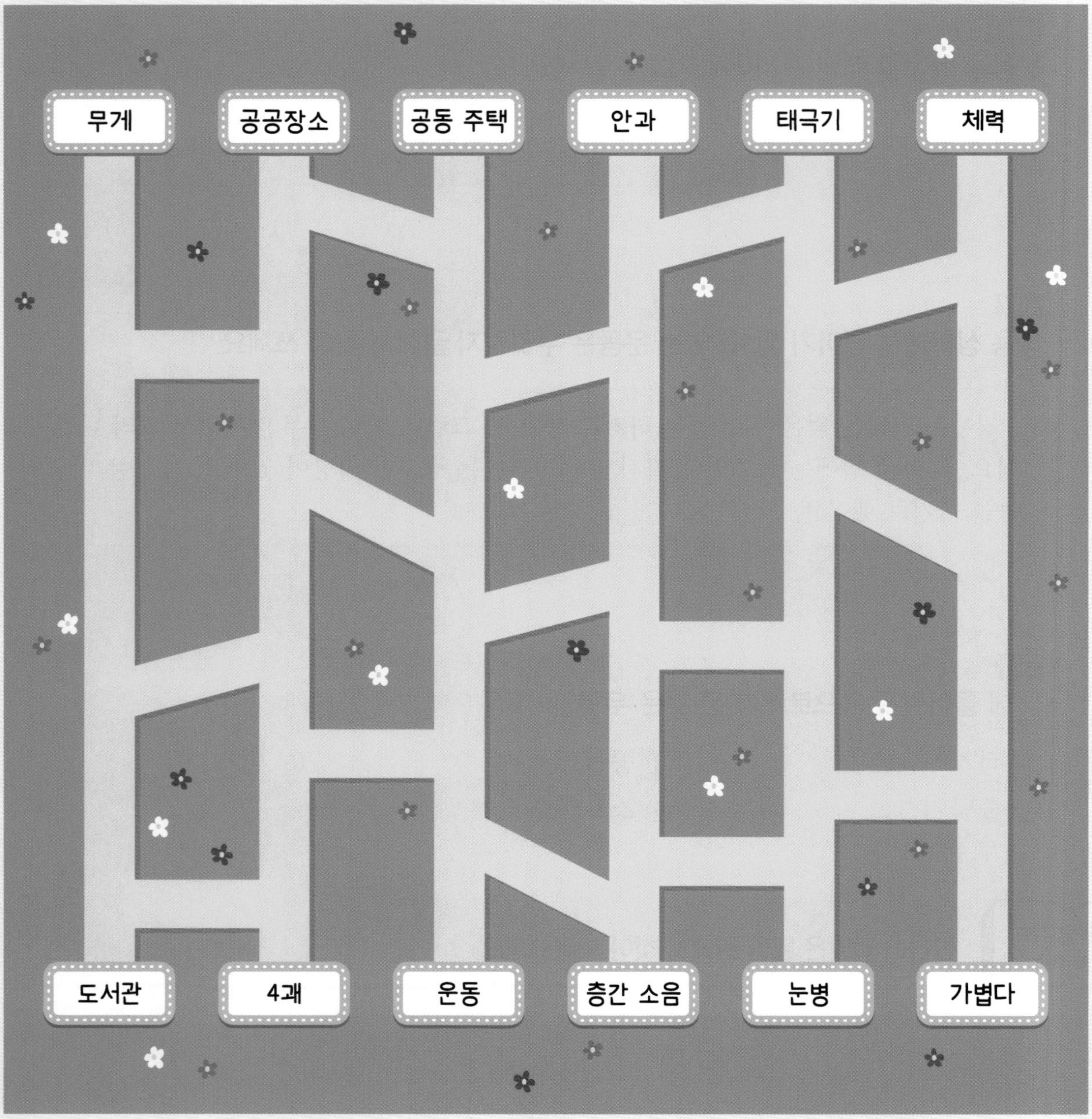

무게	공공장소	공동 주택	안과	태극기	체력
도서관	4괘	운동	층간 소음	눈병	가볍다

4주

주제	학습 내용	학습 완료일
1일 사회	❶강 태풍이 올 땐 어떻게 대비해야 할까요? 태풍에 대비하는 방법을 알려 주는 글입니다. ❷강 지진이 나면 어떻게 대피해야 할까요? 지진이 발생했을 때 대피하는 방법을 알려 주는 글입니다.	월 일 맞은 문제 수 개/12개 확인
2일 과학	❶강 곤충의 특징 벌레와 곤충의 차이점을 알려 주고, 곤충의 특징을 설명하는 글입니다. ❷강 곤충과 거미 곤충과 거미의 차이를 통해 거미가 곤충이 아닌 이유를 설명하는 글입니다.	월 일 맞은 문제 수 개/12개 확인
3일 사회	❶강 세계 인구의 날 세계 인구가 늘어나면서 생기는 문제와 그 문제를 해결하기 위한 노력을 알려 주는 글입니다. ❷강 우리나라 아기의 수가 줄고 있어요 우리나라 인구가 줄어들면서 발생하는 문제와 그 문제의 해결책을 설명하는 글입니다.	월 일 맞은 문제 수 개/12개 확인
4일 예술	❶강 색칠하는 도구를 알아보아요 색칠할 때 사용하는 도구인 크레파스, 색연필의 특징을 설명하는 글입니다. ❷강 만들기 재료를 찾아보아요 우리 주변에 많은 종이, 재활용품, 자연물로 만들 수 있는 것들을 소개하는 글입니다.	월 일 맞은 문제 수 개/12개 확인
5일 과학/사회	❶강 우리 주변의 반려동물 반려동물의 뜻과 종류를 알려 주고, 반려동물을 기를 때 필요한 마음가짐을 알려 주는 글입니다. ❷강 반려동물 공공 예절 반려동물을 기르는 사람과 기르지 않는 사람 모두 지켜야 할 반려동물 공공 예절을 설명하는 글입니다.	월 일 맞은 문제 수 개/12개 확인

태풍이 올 땐 어떻게 대비해야 할까요?

공부한 날 월 일

태풍은 거센 비와 함께하는 강한 바람으로, 우리나라에서는 주로 7~8월에 발생해요. 태풍은 엄청난 힘을 지니고 있어서 각종 ❶피해를 남겨요. 강한 바람에 나무가 뿌리째 뽑히거나 간판이 떨어지고, 비가 많이 내려 산사태가 일어나 집이 무너져요. 또 큰비에 물이 불어나 건물이 잠기는 등 재산 피해가 발생하고, 사람이 죽거나 다치는 일도 생겨요.

태풍은 어떻게 ❷대비해야 할까요? 태풍 소식이 있으면 텔레비전이나 라디오를 틀어 태풍 상황을 자주 확인해야 해요. 응급 약품이나 손전등 등 비상용 물품을 준비해 두고, 대피 장소와 ❸비상 연락 방법도 미리 알아 두어야 해요.

도시에 살고 있다면 아파트와 같은 고층 건물 유리창에 테이프를 붙여서 깨지지 않도록 대비해요. 지하실, 옥상, 하수도의 ❹맨홀 근처에는 가면 안 돼요. [㉠]에 살고 있다면 논둑을 미리 점검하고 모래주머니 등으로 하천의 물을 막아 농경지가 물에 잠기지 않도록 해요. 비닐하우스는 바람에 날아가지 않도록 단단히 묶어 놓아요. [㉡]에 살고 있다면 배가 떠내려가지 않도록 잘 묶어 두고, 높은 파도가 마을을 덮칠 수 있으니 낮은 곳에 사는 주민은 안전한 곳으로 대피해요.

❶ **피해**: 생명이나 신체, 재산, 명예 따위에 손해를 입음. 또는 그 손해.

❷ **대비해야**: 앞으로 일어날 수 있는 어려운 상황에 대해 미리 준비해야.

❸ **비상**: 미리 생각하지 못했던 위급한 일. 또는 이러한 일을 처리하기 위한 긴급한 명령.

❹ **맨홀**: 땅속에 묻은 수도관이나 하수관, 전깃줄 같은 것을 검사하거나 수리 또는 청소하기 위하여 사람이 드나들 수 있게 만든 구멍.

어휘 문제

1 다음 첫소리를 참고하여 주어진 뜻에 알맞은 낱말을 글에서 찾아 쓰세요.

241019-0181

(1) 〈첫소리〉 ㄷㅂ — 앞으로 일어날 수 있는 어려운 상황에 대해 미리 준비함. (   )

(2) 〈첫소리〉 ㅂㅅ — 미리 생각하지 못했던 위급한 일. 또는 이러한 일을 처리하기 위한 긴급한 명령. (   )

2 다음을 나타내는 말을 보기에서 골라 쓰세요.

241019-0182

보기 맨홀, 바퀴 (   )

정답과 해설 13쪽

1 주제 확인

241019-0183

빈칸에 알맞은 말을 글에서 찾아 쓰세요.

이 글은 □□ 대비 방법을 설명하고 있다.

(　　　　　　　　)

2 내용 이해

241019-0184

이 글의 내용으로 알맞지 않은 것은 무엇인가요? (　　　)

① 태풍은 주로 여름철에 발생한다.
② 태풍이 오면 강한 바람이 불고 큰비가 온다.
③ 태풍이 오면 나무가 뽑히거나 간판이 떨어질 수 있다.
④ 태풍으로 비가 많이 내리면 산사태가 발생할 수 있다.
⑤ 태풍이 발생하면 재산 피해가 생기지만 사람이 피해를 입지는 않는다.

3 적용

241019-0185

도시에 사는 진호가 태풍에 대비하기 위해 한 행동으로 알맞은 것에 ○표를 하세요.

(1) 진호는 지하실 맨홀에 물이 넘치는지 확인하러 갔다. (　　　)
(2) 진호는 텔레비전을 틀어 놓고 태풍 상황을 자주 확인했다. (　　　)

4 추론

241019-0186

㉠과 ㉡에 알맞은 말을 보기에서 골라 각각 쓰세요.

보기 농촌, 바닷가, 강 주변, 산골 마을

(1) ㉠: (　　　　　　　　)　　(2) ㉡: (　　　　　　　　)

글의 구조 파악하기

빈칸에 알맞은 말을 글에서 찾아 써넣으세요.

태풍 (①　　　　) 방법

일반적인 태풍 대비 방법
- 방송을 통해 태풍 상황을 자주 확인한다.
- 비상용 물품을 준비한다.
- (②　　　　) 장소와 비상 연락 방법을 알아둔다.

사는 곳에 따른 태풍 대비 방법
- 도시: 유리창에 테이프를 붙이고, 맨홀 근처에 가지 않는다.
- 농촌: 하천의 물을 막고, 비닐하우스를 묶어 둔다.
- 바닷가: (③　　　　)를 묶어 놓고, 낮은 곳에 사는 주민은 대피한다.

지진이 나면 어떻게 대피해야 할까요?

공부한 날 월 일

지진은 땅속의 힘에 의해 땅이 흔들리는 현상을 말해요. 지진이 심하게 일어나면 땅이 갈라질 수도 있어요. 가끔 뉴스에서 지진에 관한 소식이 나오는 것처럼 우리나라도 더 이상 지진 안전 ❶지대가 아니에요. 그래서 지진 ❷대피 방법을 미리 알아 두는 것이 중요해요.

[㉠] 실내에 있을 때는 탁자 밑으로 들어가 몸을 보호해요. 흔들림이 멈출 때까지 기다렸다가 건물 밖으로 대피해요. 건물 밖으로 나갈 때는 엘리베이터를 타지 말고 계단을 이용해야 해요. 엘리베이터는 멈출 수 있기 때문에 위험해요. 건물 밖에 나왔을 때는 건물 가까이에 붙지 말고 떨어져서 움직여야 해요. 간판이나 유리창이 떨어질 수 있기 때문에 머리를 보호하면서 대피해요. 운동장이나 공원 같은 넓은 공간으로 대피한 다음, 안내 방송에 따라 행동하면서 지진이 멈출 때까지 기다려요.

지진은 언제 발생할지 ❸예측하기 쉽지 않기 때문에 지진 대피 방법을 미리 익혀 두고, 평소에 지진 대피 ❹훈련을 해 두는 것이 중요해요.

낱말 풀이

❶ **지대**: 일정한 구역의 땅.
❷ **대피**: 위험을 피해 잠깐 안전한 곳으로 감.
❸ **예측하기**: 미리 헤아려 짐작하기.
❹ **훈련**: 기본자세나 동작 등을 되풀이하여 익힘.

어휘 문제

1 다음 낱말과 그 뜻을 알맞게 선으로 이으세요.

241019-0187

(1) 대피 •　　　　• ① 미리 헤아려 짐작함.

(2) 예측 •　　　　• ② 위험을 피해 잠깐 안전한 곳으로 감.

2 다음 문장의 빈칸에 알맞은 말을 글에서 찾아 써넣으세요.

241019-0188

우리는 대회에서 우승하기 위해 열심히 (　　　　)을 했다.

1
주제 확인
241019-0189

빈칸에 알맞은 말을 글에서 찾아 쓰세요.

> 이 글은 지진이 발생했을 때 □□하는 방법을 설명하고 있다.

(　　　　　　　　　　)

2
내용 이해
241019-0190

다음에서 설명하는 현상이 무엇인지 글에서 찾아 쓰세요.

> 땅속의 힘에 의해 땅이 흔들리는 현상으로 심하면 땅이 갈라질 수도 있다.

(　　　　　　　　　　)

3
적용
241019-0191

지진 대피 방법에 맞게 행동한 그림을 두 가지 골라 ○표를 하세요.

(1)

(　　　)

(2)

(　　　)

(3)

(　　　)

4
추론
241019-0192

㉠에 들어갈 내용으로 알맞은 것은 무엇인가요? (　　　)

① 지진이 일어나면 어떻게 해야 하는지 알아보아요.
② 지진이 끝난 후에 어떻게 행동해야 하는지 알아보아요.
③ 지진이 일어나 다친 사람들을 어떻게 해야 하는지 알아보아요.
④ 지진이 일어나지 않게 하려면 어떻게 해야 하는지 알아보아요.
⑤ 지진이 일어나기 전에 평소에 어떻게 대비해야 하는지 알아보아요.

빈칸에 알맞은 말을 글에서 찾아 써넣으세요.

지진 대피 방법

- (① 　　　): 탁자 밑으로 들어가 몸을 보호하고, 흔들림이 멈추면 건물 밖으로 대피한다.
- 건물 밖: (② 　　　)를 보호하고 건물로부터 떨어져 움직이면서 운동장이나 공원 같은 (③ 　　　) 공간으로 대피한다.

곤충의 특징

🌸 공부한 날 월 일

안녕하세요. 저는 곤충 박사라는 별명을 가진 김한솔이에요. 오늘 여러분한테 곤충에 대해 알려 드릴게요. 사람들 중에는 곤충과 벌레를 같은 것이라고 생각하는 경우가 있어요. 하지만 벌레는 곤충뿐만 아니라 ㉠ 달팽이, 거미, 지네, 지렁이 등 곤충이 아닌 작은 동물들을 모두 가리키는 말이에요.

그럼, 벌레 중에서도 무엇을 곤충이라고 부를까요? 곤충의 ❶특징을 알면 쉽게 ❷구분할 수 있어요. 첫째, 곤충의 몸은 머리, 가슴, 배의 세 부분으로 나누어져요. 둘째, 머리에 1쌍의 더듬이가 달려 있어요. 셋째, 다리는 3쌍으로 6개가 있어요. 넷째, 대부분의 곤충은 날개가 있어요. 다섯째, 대부분의 곤충은 탈바꿈을 해요. 탈바꿈이란 곤충이 자라면서 모습을 바꾸는 것을 말해요. 알에서 태어나 애벌레로 자라고 ❸번데기를 거쳐 어른벌레가 되는 거죠. 하지만 몇몇 곤충은 번데기 과정을 거치지 않는 경우도 있어요.

이제 벌레를 보면 곤충인지 아닌지 구분할 수 있겠지요? 우리 주변의 곤충을 직접 ❹관찰하면서 곤충의 특징을 확인해 보세요.

낱말 풀이

❶ **특징**: 다른 것에 비해 특별히 달라 눈에 띄는 점.
❷ **구분할**: 일정한 기준에 따라 전체를 몇 개로 갈라 나눌.
❸ **번데기**: 완전 탈바꿈을 하는 곤충의 애벌레가 어른벌레로 되는 과정 중에 한동안 아무것도 먹지 아니하고 고치 같은 것의 속에 가만히 들어 있는 몸.
❹ **관찰하면서**: 사물이나 현상을 주의하여 자세히 살펴보면서.

어휘 문제

1 다음 뜻에 알맞은 낱말을 글에서 찾아 쓰세요.

241019-0193

다 자라서 자기와 닮은 생물을 태어나게 할 수 있는 곤충.

➡ (   )벌레

2 다음 첫소리를 참고하여 빈칸에 알맞은 낱말을 글에서 찾아 써넣으세요.

241019-0194

(1) 〈첫소리〉 ㄱㅂ — 집에 있는 물건들을 둥근 모양, 세모 모양, 네모 모양으로 (   )했다.

(2) 〈첫소리〉 ㅌㅈ — 진돗개의 (   ) 중 하나는 꼬리를 둥글게 마는 것이다.

241019-0195

주제 확인

빈칸에 알맞은 말을 글에서 찾아 쓰세요.

이 글은 벌레 중에서 □□이 지닌 특징을 설명하고 있다.

(　　　　　　　　　)

2

241019-0196

내용 이해

나비의 탈바꿈이 이루어지는 순서대로 기호를 쓰세요.

(　　　) → (　　　) → (　　　) → (　　　)

3

241019-0197

적용

다음 그림을 보고 메뚜기가 곤충인 까닭을 알맞게 말한 친구의 이름을 쓰세요.

수연: 다리가 세 개이니까 곤충이야.
태희: 머리에 더듬이가 두 개 달려 있으니까 곤충이야.
규식: 머리와 배의 두 부분으로 나누어져 있어서 곤충이야.

(　　　　　　　　　)

241019-0198

추론

㉠을 통틀어 부르는 말을 글에서 찾아 두 글자로 쓰세요.

(　　　　　　　　　)

글의 구조 파악하기 빈칸에 알맞은 말을 글에서 찾아 써넣으세요.

곤충의 특징

- 몸이 머리, (① 　　　), 배의 세 부분으로 나뉜다.
- 머리에 1쌍의 (② 　　　)가 있다.
- 다리는 3쌍, 즉 6개가 있다.
- 대부분 (③ 　　　)가 있다.
- 대부분 '알–애벌레–번데기–어른벌레'의 과정을 거치는 (④ 　　　)을 한다.

2일 ❷강

곤충과 거미

공부한 날 월 일

거미는 인간에게 ❶이로운 벌레라고 할 수 있어요. 인간에게 해를 끼치는 모기나 파리, 바퀴벌레 뿐만 아니라 ❷농작물을 병들게 하는 ❸해충을 잡아먹기 때문이에요. 이처럼 해충의 ❹천적인 거미는 곤충과 닮았지만, 곤충이 아니에요. 거미가 왜 곤충이 아닌지 ㉠둘의 차이를 비교해 보아요.

거미와 곤충의 차이 중 가장 눈에 띄는 것은 다리의 개수예요. 곤충의 다리는 여섯 개이지만 거미의 다리는 여덟 개이지요. 또한 곤충은 몸이 머리, 가슴, 배의 세 부분으로 나뉘지만, 거미는 머리가슴, 배의 두 부분으로 나뉘어요. 거미는 곤충과 달리 탈바꿈도 하지 않아요. 대신 허물을 벗는 탈피를 하지요. 알에서 태어나는 것은 곤충과 같지만, 곤충과 달리 애벌레나 번데기의 과정을 거치지 않아요.

곤충에게는 있는데 거미에게는 없는 것들도 있어요. 곤충은 더듬이가 있지만 거미는 더듬이를 가지고 있지 않아요. 대신 거미에게는 촉지라는 것이 있어요. 길이가 짧고 입의 양옆에 있는데, 더듬이 역할을 일부 대신하고 있어서 더듬이다리라고 부르기도 해요. 대부분의 곤충에게 있는 날개가 거미에게는 없어요.

❶ **이로운**: 이익이 있는.
❷ **농작물**: 논밭에 심어 가꾸는 곡식이나 채소.
❸ **해충**: 인간의 생활에 해를 끼치는 벌레를 통틀어 이르는 말.
❹ **천적**: 잡아먹는 동물을 잡아먹히는 동물에 맞대어 이르는 말.

어휘 문제

1 다음 낱말이 담고 있는 내용으로 알맞은 것에 ○표를 하세요.

241019-0199

(1) 이롭다 ① 이익이 되다. ( ) ② 피해를 주다. ( )

(2) 병들다 ① 병이 낫다. ( ) ② 병이 생기다. ( )

2 다음 문장의 빈칸에 알맞은 말을 보기에서 골라 각각 써넣으세요.

241019-0200

보기 천적, 해충, 농작물

요즈음에는 (①)에 피해를 많이 입히는 (②)을 없애기 위해 농약을 뿌리는 대신 (②)을 잡아먹는 벌레인 (③)을 이용하기도 합니다.

주제 확인

1 빈칸에 알맞은 말을 글에서 찾아 쓰세요.

241019-0201

> 이 글은 거미와 곤충의 □□를 통해 거미가 곤충이 아닌 까닭을 설명하고 있다.

( )

내용 이해

2 거미가 곤충이 아닌 까닭으로 알맞지 않은 것은 무엇인가요? ( )

241019-0202

① 날개가 없기 때문이다.
② 다리가 여덟 개이기 때문이다.
③ 탈바꿈을 하지 않기 때문이다.
④ 알에서 태어나지 않기 때문이다.
⑤ 몸이 두 부분으로 이루어져 있기 때문이다.

적용

3 다음 그림에서 거미의 '촉지'에 해당하는 두 부분을 찾아 번호를 쓰세요.

241019-0203

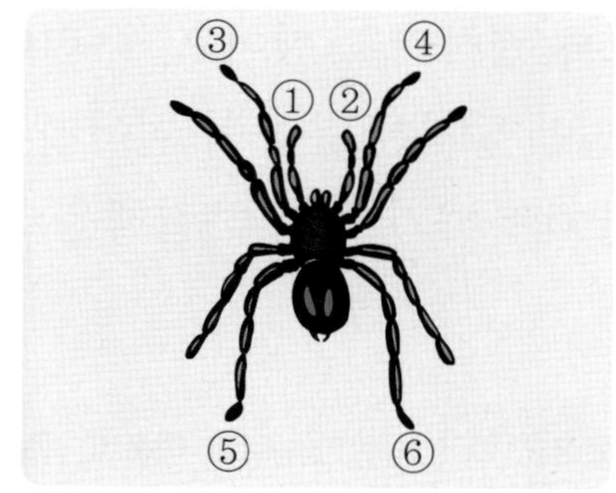

(,)

추론

4 ㉠이 가리키는 것은 무엇인가요? ( )

241019-0204

① 거미와 인간
② 거미와 해충
③ 곤충과 거미
④ 곤충과 인간
⑤ 곤충과 해충

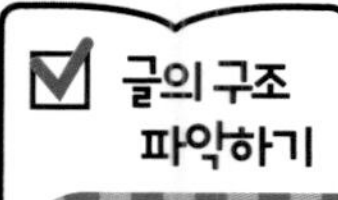

빈칸에 알맞은 말을 글에서 찾아 써넣으세요.

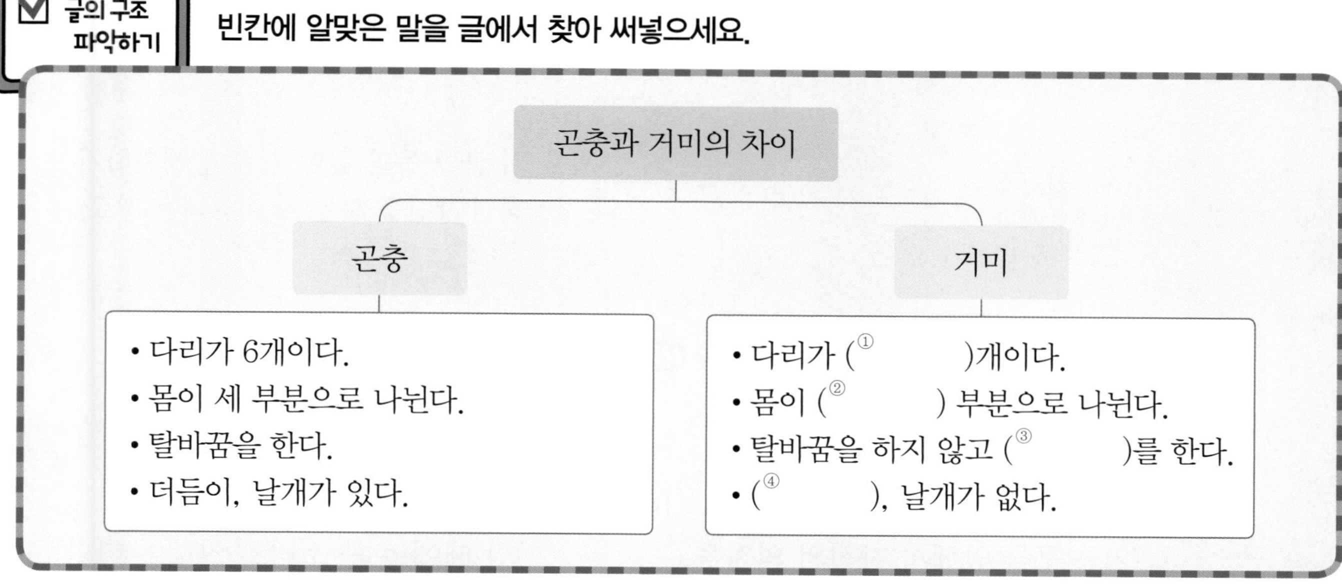

세계 인구의 날

공부한 날 월 일

인구는 일정한 지역에 사는 사람의 수를 말해요. 세계 인구는 점점 늘어나고 있어요. 지구에서 사람이 살 수 있는 공간은 정해져 있어서 인구가 늘어나면 여러 문제가 발생해요. 인간이 쓸 수 있는 ❶자원과 인간이 먹을 수 있는 ❷식량이 부족해지고, 환경이 오염될 수 있어서 인구가 무작정 늘어나는 것은 좋지 않아요.

그래서 인구 문제에 대한 사람들의 관심을 높이고, 그것에 대한 해결책을 전 세계인이 같이 고민해 보자고 기념일이 만들어졌어요. '세계 인구의 날'은 1989년 7월 11일에 세계 인구가 처음으로 50억 명이 넘은 것을 기념하여 7월 11일로 정해졌어요. 세계 인구는 80억 명이 적절하다고 하는데, 유엔은 2022년에 이미 80억 명을 넘었다고 ❸발표했어요. 앞으로도 인구는 계속 늘어날 것으로 ❹예상하고 있어요.

인구가 너무 많은 나라는 법을 만들어 자녀를 한 명만 낳도록 정하기도 했어요. 우리나라도 인구가 빨리 늘어나던 1970년대와 1980년대에는 자녀를 한두 명만 낳자는 운동이 벌어지기도 했어요. 이렇게 계속해서 늘어나는 인구와 그로 인해 생길 문제에 대응하기 위한 해결책을 고민해 봐야 해요.

낱말 풀이

❶ **자원**: 광물, 수산물 등과 같이 사람이 생활하거나 경제적인 생산을 하는 데 이용되는 재료.
❷ **식량**: 사람이 살아가는 데 필요한 먹을거리.
❸ **발표했어요**: 어떤 사실이나 결과, 작품 따위를 세상에 널리 드러내어 알렸어요.
❹ **예상하고**: 앞으로 있을 일이나 상황을 짐작하고.

어휘 문제

1 **다음 낱말과 그 뜻을 알맞게 선으로 이으세요.**

241019-0205

(1) 자원 • 　　　　• ① 사람이 살아가는 데 필요한 먹을거리.

(2) 식량 • 　　　　• ② 광물, 수산물 등과 같이 사람이 생활하거나 경제적인 생산을 하는 데 이용되는 재료.

2 **다음 문장의 빈칸에 알맞은 낱말을 보기에서 골라 써넣으세요.**

241019-0206

보기 예상, 발표

(1) 그는 비가 올 것을 (　　　　)하고 우산을 들고 나갔다.
(2) 친구들 앞에서 자신의 의견을 (　　　　)할 때에는 큰 소리로 말해야 한다.

정답과 해설 **14쪽**

주제 확인

1 빈칸에 알맞은 말을 글에서 찾아 쓰세요.

241019-0207

이 글은 세계 □□가 늘어나면서 생기는 문제를 해결하기 위한 노력을 설명하고 있다.

(　　　　　　　　　)

내용 이해

2 이 글의 내용으로 알맞은 것에 ○표를 하세요.

241019-0208

(1) 세계 인구의 날은 7월 17일이다. (　　　)

(2) 세계 인구는 점점 줄어들고 있다. (　　　)

(3) 세계 인구는 앞으로 더 늘어날 것이다. (　　　)

적용

3 우리나라에서 다음과 같은 포스터를 볼 수 있었던 시대는 언제인가요? (　　　)

241019-0209

① 1970년대

② 1990년대

③ 2000년대

④ 2010년대

⑤ 2020년대

추론

4 빈칸에 알맞은 낱말을 글에서 찾아 각각 써넣으세요.

241019-0210

선생님: 인구가 너무 많이 늘어나면 무슨 문제가 생길까요?

학생: 인간이 쓸 수 있는 (① 　　　)과 먹을 수 있는 (② 　　　)이 부족해지고, 환경이 오염될 수 있어요.

☑ 글의 구조 파악하기

빈칸에 알맞은 말을 글에서 찾아 써넣으세요.

세계 인구가 늘어나면서 생기는 (① 　　　)

인구 문제를 해결하기 위한 노력

'세계 (② 　　　)의 날'을 정하여 인구 문제에 대한 관심을 높이고 해결책을 고민함.	1970년대와 1980년대 우리나라에서는 (③ 　　　)를 적게 낳자는 운동을 함.

우리나라 아기의 수가 줄고 있어요

공부한 날 월 일

세계 인구는 점점 늘어나고 있지만, 우리나라는 2020년부터 인구가 줄어들고 있어요. 인구가 줄어든다는 것은 태어나는 아기의 수가 죽는 사람의 수보다 (㉮) 것을 뜻해요. 인구가 많은 것도 문제이지만, 인구가 적은 것도 문제를 일으켜요.

태어나는 아기의 수가 줄면서 어린아이와 젊은이가 적어지고, 반대로 노인은 점점 많아지고 있어요. 이런 현상을 ㉯'저출산 고령화'라고 불러요. '저출산'은 아기를 적게 낳는 것이고, '고령화'는 전체 인구 중에서 노인의 수가 많아지는 것이에요. 저출산 고령화로 우리 사회에 노인이 많아지고 젊은이가 적어지면, 일을 할 수 있는 인구가 줄어들어 나라 ❶살림을 꾸려 가기가 힘들어질 수 있어요. 또한 젊은이들이 많은 노인을 ❷부양해야 하는 어려움을 겪을 수 있어요.

이런 문제를 막기 위해서 나라에서는 젊은이들이 결혼하여 아기를 많이 낳을 수 있도록 ㉠여러 가지 방법을 ❸마련하고 있어요. 아기를 키울 때 들어가는 돈을 ❹지원하거나, 부모님이 일을 잠시 쉬면서 아기를 돌볼 수 있게 하고, 아기를 돌보아 주는 시설을 늘리는 등의 노력을 하고 있어요.

❶ **살림**: 국가나 집단의 재산을 관리하고 경영하는 일.
❷ **부양해야**: 생활 능력이 없는 사람의 생활을 돌보아야.
❸ **마련하고**: 헤아려서 갖추고.
❹ **지원하거나**: 지지하여 돕거나.

어휘 문제

1 다음 첫소리를 참고하여 주어진 뜻에 알맞은 낱말을 글에서 찾아 써넣으세요.

241019-0211

(1) 〈첫소리〉 ㅈㅇ — 지지하여 도움. ( )하다

(2) 〈첫소리〉 ㅂㅇ — 생활 능력이 없는 사람의 생활을 돌봄. ( )하다

2 다음 첫소리를 참고하여 빈칸에 들어갈 낱말을 글에서 찾아 쓰세요.

241019-0212

〈첫소리〉 ㅅㄹ — 열심히 일하고 세금을 성실히 내면 나라 ( )에 도움이 된다.

( )

주제 확인

1 빈칸에 알맞은 말을 골라 ◯표를 하세요.

241019-0213

이 글은 인구가 (늘어날 / 줄어들) 때의 문제점과 해결책을 설명하고 있다.

내용 이해

2 ㉠의 내용으로 알맞은 것에 모두 ◯표를 하세요.

241019-0214

(1) 아기를 돌보아 주는 시설을 줄인다. (　　)

(2) 아기를 키울 때 필요한 돈을 지원해 준다. (　　)

(3) 부모님이 일을 잠시 쉬면서 아기를 돌볼 수 있게 해 준다. (　　)

적용

3 ㉮에 알맞은 말을 보기에서 골라 쓰세요.

241019-0215

보기 적다는, 많다는

(　　　　)

추론

㉯의 문제점에 대해 알맞게 말한 친구의 이름을 쓰세요.

241019-0216

영호: 노인이 젊은이보다 많아져서 젊은이가 노인을 부양하기 힘들 수 있어요.
채희: 일할 수 있는 인구가 많아져서 사람들이 일자리를 구하기가 힘들어질 수 있어요.

(　　　　)

빈칸에 알맞은 말을 글에서 찾아 써넣으세요.

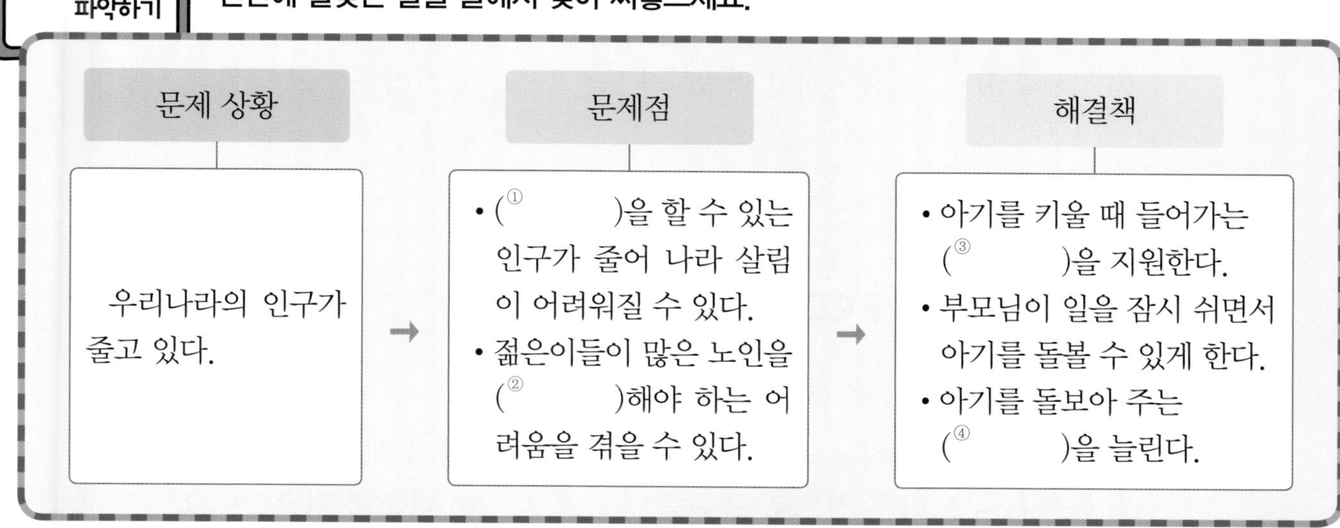

4일 ❶강

색칠하는 도구를 알아보아요

공부한 날 월 일

여러분은 빨강, 파랑, 노랑 등으로 알록달록 색을 칠하는 색칠 놀이를 좋아하나요? 색칠 놀이를 할 때 사용하는 색칠 ❶도구로는 어떤 것을 사용하나요? 색칠을 시작할 때 우리가 가장 많이 사용하는 도구는 크레파스와 색연필이에요. 크레파스와 색연필은 다른 도구 없이 종이와 그리고 싶은 그림만 있으면 언제든지 색칠할 수 있는 편리한 색칠 도구이지요.

크레파스는 기름 성분에 색 가루를 섞어서 만든 색칠 도구예요. 기름기가 있어서 ❷광택이 나고 가루가 날리지 않아요. 크레파스로 색칠을 하면 부드럽게 쓱쓱 칠해져서 처음 색칠 놀이를 할 때 많이 사용해요. 색깔을 ❸덧칠하거나 섞어 칠할 수도 있어서 다양한 색깔을 표현할 수 있어요.

색연필은 이름 그대로 여러 가지 색깔이 나게 만든 연필이에요. 크레파스보다 심이 단단해서 잘 부러지지 않아요. 그리고 심이 가늘기 때문에 좁은 공간도 색칠할 수 있어요. 또한 처음 글씨 쓰기를 배울 때 사용하는 [㉠]와/과 비슷하게 생겼기 때문에 잡기도 편하고 ❹친숙하게 느껴지지요.

낱말 풀이

❶ **도구**: 어떤 일을 할 때 쓰이는 기구. 또는 연장.
❷ **광택**: 표면이 매끄러운 물체에서 반사되는 반짝이는 빛.
❸ **덧칠하거나**: 칠한 데에 겹쳐 칠하거나.
❹ **친숙하게**: 친하여 익숙하고 허물이 없게.

어휘 문제

1 다음 낱말이 담고 있는 내용으로 알맞은 것에 ○표를 하세요.

241019-0217

(1) 덧칠하다 ① 겹쳐 칠하다. ( ) ② 한 번만 칠하다. ( )

(2) 친숙하다 ① 친하고 익숙하다. ( ) ② 거리가 있고 낯설다. ( )

2 빈칸에 알맞은 낱말을 보기에서 골라 써넣으세요.

241019-0218

보기 도구, 광택

(1) 청소할 때 사용하는 물건을 청소 ( )라고 해요.

(2) 아빠는 부드러운 천으로 구두를 ( )이 나도록 닦으셨어요.

주제 확인

1 빈칸에 알맞은 말을 글에서 찾아 쓰세요.

241019-0219

이 글은 □□ 도구인 크레파스와 색연필에 대해 설명하고 있다.

(　　　　　　　　　　)

내용 이해

2 이 글의 내용으로 알맞은 것에 모두 ○표를 하세요.

241019-0220

(1) 색연필은 심이 단단하지 않아서 쉽게 부러진다. (　　)

(2) 크레파스와 색연필로 색칠할 때는 다른 도구가 필요 없다. (　　)

(3) 크레파스는 기름기가 있어서 광택이 나고 가루가 날리지 않는다. (　　)

적용

3 다음 빈칸에 들어갈 알맞은 색칠 도구를 글에서 찾아 쓰세요.

241019-0221

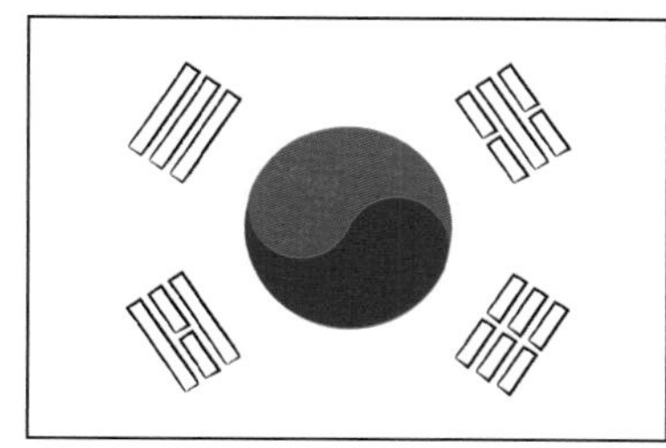

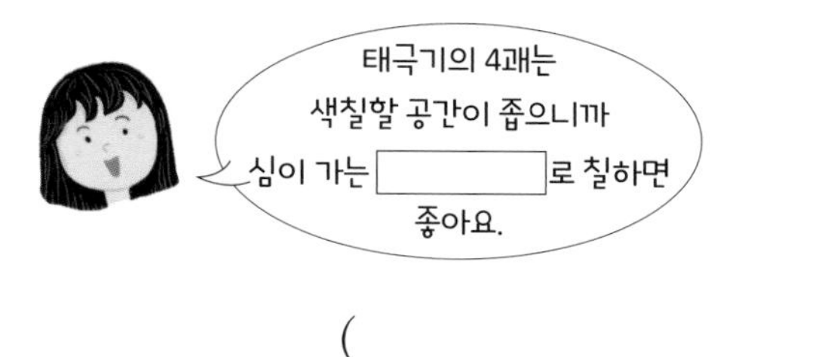

(　　　　　　　　　　)

추론

㉠에 알맞은 말을 보기에서 골라 쓰세요.

241019-0222

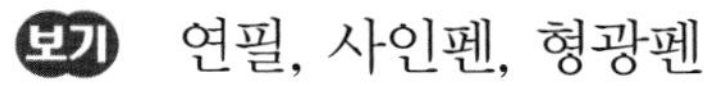

보기 연필, 사인펜, 형광펜

(　　　　　　　　　　)

글의 구조 파악하기

빈칸에 알맞은 말을 글에서 찾아 써넣으세요.

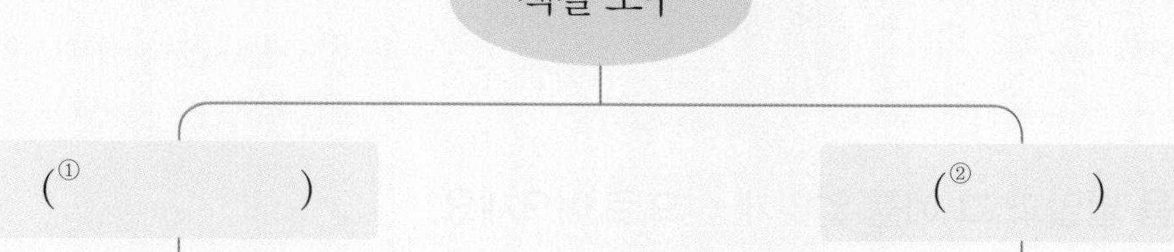

색칠 도구

(① 　　　　) — • 광택이 나고 가루가 날리지 않는다. • 부드럽게 칠해진다. • 덧칠하거나 섞어 칠할 수 있다.

(② 　　　　) — • 심이 단단해서 잘 부러지지 않는다. • 심이 가늘어서 좁은 공간도 색칠할 수 있다. • 잡기 편하고 친숙하게 느껴진다.

4일 ❷강

만들기 재료를 찾아보아요

공부한 날 월 일

우리 주변에는 만들기 재료들이 아주 많아요. 종이, ❶재활용품, ❷자연물은 모두 멋진 작품을 만들기 위한 재료가 될 수 있어요.

다양한 크기의 종이나 여러 색깔의 색종이를 활용하여 종이접기를 해 보세요. 종이접기를 통해 하늘을 나는 비행기, 물에 동동 뜨는 배, 지우개 가루 등을 담는 작은 쓰레기통, 친구들과 주고받으며 놀 수 있는 공을 만들 수 있어요.

재활용품을 찾아보는 것도 좋아요. ❸우유갑을 활용하여 자동차나 기차를 만들 수 있고, ❹페트병을 활용하여 저금통을 만들 수 있어요. 유리병을 활용해서 꽃병을 만들 수도 있어요. 과자 봉지는 색깔이 화려해서 꾸미기 재료로 쓸 수 있어요.

㉠ 집 주변의 자연물도 만들기 재료가 될 수 있어요. 동네 공원에서 나뭇가지와 나뭇잎, 꽃잎, 솔방울 등을 찾아보아요. 그중 꽃잎은 꾸미기 재료로 쓸 수 있어요. 바닥에 떨어진 꽃잎을 주워 두꺼운 책 사이에 일주일 정도 끼워 놓으면 꽃잎이 말라요. 마른 꽃잎을 투명 테이프를 활용해 꾸미고 싶은 곳에 붙이면 멋진 작품이 완성되지요.

낱말 풀이

❶ **재활용품**: 고치거나 새로 만들어 다시 쓸 수 있는 물건.
❷ **자연물**: 자연에 있는, 저절로 생긴 물체.
❸ **우유갑**: 우유를 담아 두는 갑.
❹ **페트병**: 음료수를 담는 가볍고 깨지지 않는 일회용병.

어휘 문제

1 다음 첫소리를 참고하여 주어진 뜻에 알맞은 낱말을 글에서 찾아 쓰세요.

241019-0223

(1) 〈첫소리〉 ㅇㅇㄱ — 우유를 담아 두는 갑. (　　　　　　)

(2) 〈첫소리〉 ㅍㅌㅂ — 음료수를 담는 가볍고 깨지지 않는 일회용병. (　　　　　　)

2 다음 낱말과 그 예를 알맞게 선으로 이으세요.

241019-0224

(1) 자연물 • 　　　　• ① 꽃, 풀, 나무, 바위

(2) 재활용품 • 　　　　• ② 비닐, 유리병, 우유갑, 페트병

주제 확인

1 빈칸에 알맞은 말을 글에서 찾아 쓰세요.

241019-0225

이 글은 우리 주변에서 찾을 수 있는 □□□ □□를 설명하고 있다.

(　　　　　　　　　　)

내용 이해

2 재활용품을 재료로 만든 작품으로 알맞은 것을 두 가지 골라 ○표를 하세요.

241019-0226

(1) 우유갑으로 만든 기차 (　　　)

(2) 페트병으로 만든 저금통 (　　　)

(3) 색종이로 만든 다양한 색깔의 공 (　　　)

적용

3 영희가 만든 작품에 사용된 만들기 재료를 보기에서 골라 쓰세요.

241019-0227

보기 종이, 자연물, 재활용품

영희: 저는 솔방울과 나뭇가지를 가지고 타조를 만들었어요. 솔방울로 몸통을 만들고, 나뭇가지로 긴 목과 긴 다리를 만들었어요. 타조의 머리는 솔방울 비늘 조각을 사용하여 만들었어요.

(　　　　　　　　　　)

추론

4 ㉠의 예로 알맞은 것은 무엇인가요? (　　　)

241019-0228

① 꽃잎 ② 종이 ③ 우유갑 ④ 유리병 ⑤ 과자 봉지

빈칸에 알맞은 말을 글에서 찾아 써넣으세요.

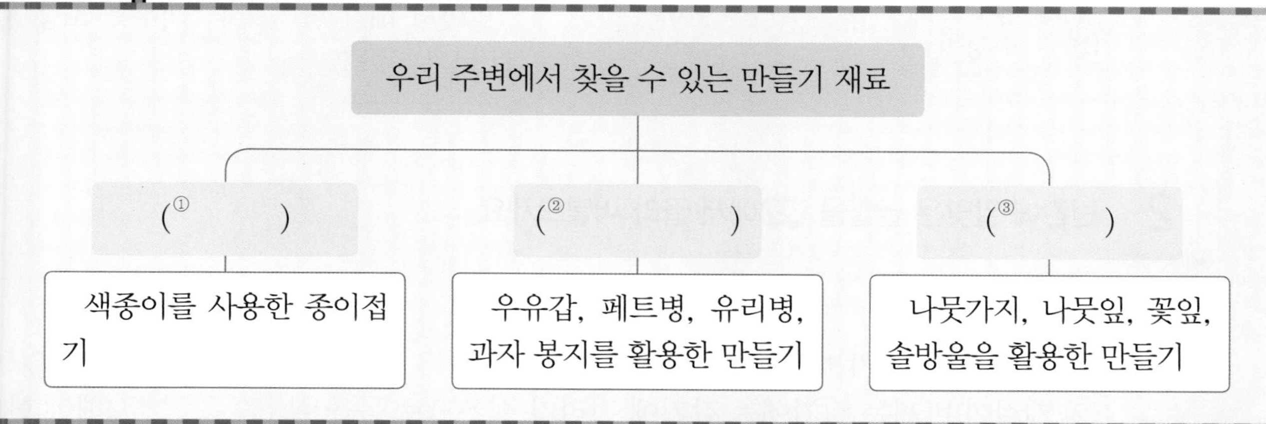

우리 주변의 반려동물

공부한 날 월 일

반려동물이란 반려 목적으로 기르는 동물을 말해요. '반려'란 [㉠]이 되는 동무를 뜻해요. 그러니까 자신과 함께 짝을 이루어 살아가는 친구나 가족 같은 존재가 반려동물이지요. 사람과 더불어 살아가는 동물이기 때문에 어린아이를 돌보듯이 아끼고 사랑하며 정성껏 돌보아 주어야 하는 존재랍니다.

반려동물의 종류는 매우 다양해요. 대표적인 반려동물로는 개와 고양이를 꼽을 수 있어요. 어떤 사람은 크기가 작은 햄스터를 기르기도 하고, 앵무새와 같은 새를 기르기도 하지요. 어항에서 기르는 금붕어나 열대어 같은 물고기도 반려동물이에요. 거북이나 도마뱀 같은 파충류를 기르는 사람도 있어요. 그 종류가 무엇이든지 상관없이 사람과 더불어 살아가는 동물이라면 모두 반려동물이라고 할 수 있어요.

반려동물은 사람이 마음으로 ❶의지하며 가까이 두고 기르는 동물이므로 가족의 ❷구성원이라고 할 수 있어요. 반려동물을 기르기로 마음먹었다면 ❸책임감이 필요해요. 자신이 돌보아야 할 가족이 생겼다는 마음가짐으로 그들의 건강을 잘 ❹관리하고 행복한 시간을 함께 보낼 수 있도록 해요.

낱말 풀이

❶ **의지하며**: 다른 것에 마음을 기대어 도움을 받으며.
❷ **구성원**: 어떤 조직이나 단체를 이루고 있는 사람.
❸ **책임감**: 맡아서 해야 할 임무나 의무를 소중히 여기는 마음.
❹ **관리하고**: 사람의 몸이나 동식물 따위를 보살펴 돌보고.

어휘 문제

1 **다음 낱말과 그 뜻을 알맞게 선으로 이으세요.**

241019-0229

(1) 책임감 •   • ① 어떤 조직이나 단체를 이루고 있는 사람.

(2) 구성원 •   • ② 맡아서 해야 할 임무나 의무를 소중히 여기는 마음.

2 **빈칸에 알맞은 낱말을 보기에서 골라 써넣으세요.**

241019-0230

보기 관리, 의지

(1) 어린 훈이는 아버지가 돌아가시자 어머니를 (   )하며 씩씩하게 살았다.
(2) 계절이 바뀌는 시기에는 감기에 걸리기 쉬우므로 몸을 잘 (   )해야 한다.

1 주제 확인
241019-0231

이 글은 무엇에 대해 설명하고 있는지 글에서 찾아 쓰세요.

(   )

2 내용 이해
241019-0232

이 글의 내용으로 알맞지 않은 것은 무엇인가요? (   )

① 반려동물은 사람과 더불어 살아가는 동물이다.
② 개와 고양이는 사람들이 많이 기르는 반려동물이다.
③ 햄스터나 앵무새를 반려동물로 기르는 사람도 있다.
④ 거북이나 도마뱀 같은 파충류도 반려동물이 될 수 있다.
⑤ 어항에서 키우는 금붕어와 같은 물고기는 반려동물이 아니다.

3 적용
241019-0233

반려동물을 대하는 마음가짐에 대해 바르게 말한 두 친구의 이름을 쓰세요.

연지: 반려동물은 어린아이가 아니니까 내가 돌보아 줄 필요는 없어.
민수: 나는 반려동물을 내 동생이라고 생각하고 책임감 있게 키울 거야.
준희: 나는 반려동물의 건강을 잘 관리하고 함께 시간을 보낼 거야.

(,   )

4 추론
241019-0234

㉠에 알맞은 말을 보기에서 골라 쓰세요.

보기 남, 짝

(   )

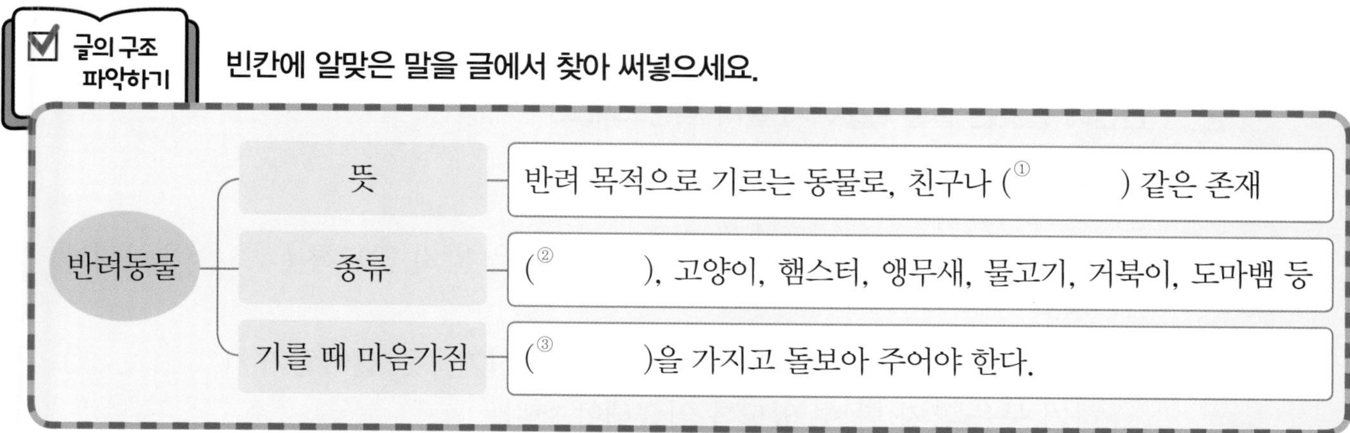

글의 구조 파악하기 빈칸에 알맞은 말을 글에서 찾아 써넣으세요.

반려동물		
	뜻	반려 목적으로 기르는 동물로, 친구나 (①) 같은 존재
	종류	(②), 고양이, 햄스터, 앵무새, 물고기, 거북이, 도마뱀 등
	기를 때 마음가짐	(③)을 가지고 돌보아 주어야 한다.

5일 ❷강

반려동물 공공 예절

공부한 날 월 일

반려동물을 기르는 사람이 점점 늘면서 공원이나 길거리에서 반려동물을 기르지 않는 사람들과 다툼이 생기고 있어요. 이런 다툼을 예방하거나 줄이기 위해서는 반려동물을 기르는 사람과 기르지 않는 사람 모두 예절을 지켜야 해요.

반려동물을 기르는 사람은 반려동물과 외출할 때 다른 사람들을 배려해야 해요. 산책을 할 때는 반려동물이 갑자기 다른 사람을 향해 달려들지 않도록 반드시 목줄을 채워야 해요. 줄의 길이는 2미터 이내로 짧게 유지하여 반려동물이 ❶보호자와 가까이 있도록 해야 해요. 또한 엘리베이터, 복도, 계단 같은 실내 공간에서는 반려동물을 직접 안고 이동해야 해요. 반려동물이 커서 안기 어렵다면 ❷목덜미 부분의 목줄을 잡아 보호자와 반려동물이 [㉠] 붙어 있도록 해야 해요. 그리고 반려동물은 외출했을 때 ❸배변을 하는 경우가 많으니, 반드시 배변 봉투를 챙겨서 거리에 반려동물의 배설물이 남아 있지 않도록 해야 해요.

반려동물을 기르지 않는 사람도 지켜야 할 것이 있어요. 보호자와 산책하는 반려동물을 보았을 때, 반려동물을 향해 뛰어가거나 갑자기 소리를 지르면 안 돼요. 반려동물의 눈을 계속 쳐다보지 말고, 보호자의 허락 없이 만지거나 먹이를 주지 않도록 ❹주의해야 해요.

낱말 풀이

❶ **보호자**: 어떤 사람을 보호할 책임을 가지고 있는 사람.
❷ **목덜미**: 목의 뒤쪽 부분과 그 아래 근처.
❸ **배변**: 대변을 몸 밖으로 내보냄.
❹ **주의해야**: 마음에 새겨 두고 조심해야.

어휘 문제

1 **다음 첫소리를 참고하여 주어진 뜻에 알맞은 낱말을 글에서 찾아 쓰세요.**

241019-0235

〈첫소리〉 ㅂㅎㅈ — 어떤 사람을 보호할 책임을 가지고 있는 사람.

( )

2 **빈칸에 알맞은 말을 보기에서 골라 써넣으세요.**

241019-0236

보기 배변, 주의

(1) 사람이 많은 지하철에서는 다른 사람의 발을 밟지 않도록 ( )해야 한다.

(2) 아이들은 초등학교에 들어가기 전에 세수하기, 옷 갈아입기, ( )하기 등을 혼자 할 수 있도록 연습해야 한다.

주제 확인

1 이 글의 중심 내용은 무엇인지 빈칸에 알맞은 말을 글에서 찾아 쓰세요.

241019-0237

공공장소에서 반려동물을 기르는 사람과 기르지 않는 사람들이 지켜야 할 □□

( )

내용 이해

2 보호자와 산책하는 반려동물을 대하는 태도로 알맞은 것은 무엇인가요? ( )

241019-0238

① 보호자의 허락 없이 먹이를 주지 않는다.
② 커다란 동물을 만나면 큰 소리를 지른다.
③ 반려동물의 눈을 계속 쳐다보면서 걸어간다.
④ 보호자와 산책 중인 반려동물을 보면 뛰어가서 인사한다.
⑤ 반려동물을 만나면 보호자의 허락이 없더라도 머리를 쓰다듬어 준다.

적용

3 반려동물과 외출할 때의 예절을 잘 지킨 그림을 두 가지 골라 ○표를 하세요.

241019-0239

(1) 

( )

(2) 

( )

(3) 

( )

추론

4 ㉠에 알맞은 말을 보기에서 골라 쓰세요.

241019-0240

 멀리, 가까이

( )

글의 구조 파악하기 빈칸에 알맞은 말을 글에서 찾아 써넣으세요.

반려동물 공공 예절

반려동물을 기르는 사람
- 2미터 이내로 (①) 채우기
- 실내 공간에서는 안고 이동하기
- (②) 봉투 챙기기

반려동물을 기르지 않는 사람
- 반려동물을 향해 뛰거나 (③) 지르지 않기
- 반려동물의 (④)을 계속 쳐다보지 않기
- 허락 없이 만지거나 먹이 주지 않기

정답과 해설 16쪽

※ **공부한 낱말들의 뜻을 떠올려 보면서 다음 십자말풀이를 완성해 보아요. 낱말이 쓰인 예문 속 빈칸의 첫소리를 완성하면 낱말을 알 수 있어요.**

	❶↓				②→	❸↓
	①→	❷↓				
		③→	❹↓			
❺↓						
④→						

가로 열쇠

① 다른 것에 마음을 기대어 도움을 받음.
   ㉮ 반려동물은 사람이 마음으로 (ㅇㅈ)하며 가까이 두고 기르는 동물이다.

② 생명이나 신체, 재산, 명예 따위에 손해를 입음. 또는 그 손해.
   ㉮ 태풍은 세찬 바람과 큰비 때문에 각종 (ㅍㅎ)를 남긴다.

③ 앞으로 일어날 수 있는 어려운 상황에 대해 미리 준비함.
   ㉮ 태풍이 올 때는 유리창에 테이프를 붙여서 깨지지 않도록 (ㄷㅂ)해야 한다.

④ 일정한 기준에 따라 전체를 몇 개로 갈라 나눔.
   ㉮ 곤충의 특징을 알면 벌레 중에서 곤충인 것과 곤충이 아닌 것을 (ㄱㅂ)할 수 있다.

세로 열쇠

❶ 마음에 새겨 두고 조심함.
   ㉮ 사람이 많은 지하철에서는 다른 사람의 발을 밟지 않도록 (ㅈㅇ)해야 한다.

❷ 일정한 구역의 땅.
   ㉮ 우리나라도 더 이상 지진 안전 (ㅈㄷ)가 아니다.

❸ 인간의 생활에 해를 끼치는 벌레를 통틀어 이르는 말.
   ㉮ 인간에게 해를 끼치는 모기, 파리, 바퀴벌레는 (ㅎㅊ)이다.

❹ 미리 생각하지 못했던 위급한 일. 또는 이러한 일을 처리하기 위한 긴급한 명령.
   ㉮ 태풍이나 지진 등이 발생할 때는 (ㅂㅅ) 연락 방법을 알아 두어야 한다.

❺ 어떤 일을 할 때 쓰이는 기구. 또는 연장.
   ㉮ 색을 칠하고 싶을 때 사용하는 물건을 색칠 (ㄷㄱ)라고 한다.

인용 사진 출처

37쪽 개량장구_국립국악원

37쪽 풍물북_국립국악원

37쪽 개량꽹과리_국립국악원

37쪽 징_국립국악원

83쪽 70년대 이미지_인구보건복지협회

어휘 목록

4주 완성 독해력

1단계

초등 1~2학년 권장

정답과 해설

1주

1일 ❶강 선인장의 비밀 8~9쪽

어휘 문제 **1** (1) 건조한 (2) 저장하는 **2** (1) ○

1 ⑤ **2** (2) ○ **3** (1) ○ **4** 호영

글의 구조 파악하기

① 가시 ② 뿌리 ③ 저장

어휘 문제

1 (1) '건조한'은 '말라서 물기가 없는.'이라는 뜻입니다.
(2) '저장하는'은 '물건 등을 모아서 보관하는.'이라는 뜻입니다.

2 둥근 기둥 모양의 통에 담긴 소금은 (1)입니다.

---

1 이 글에는 선인장을 잘 키우는 방법에 대한 내용이 없습니다.

2 선인장의 가시는 뿌리가 아니라 잎이 변한 것입니다. 선인장의 줄기 속은 낮에는 시원하고 밤에는 따뜻합니다.

3 선인장은 비가 와서 물이 충분히 있을 때는 줄기에 물을 저장하기 때문에 주름이 펴집니다.

4 선인장 줄기 속에 사는 동물들도 있다고 했습니다.

글의 구조 파악하기

이 글은 선인장이 사막에서 잘 살아갈 수 있도록 해 주는 가시, 줄기, 뿌리의 역할에 대해 설명하고 있습니다.

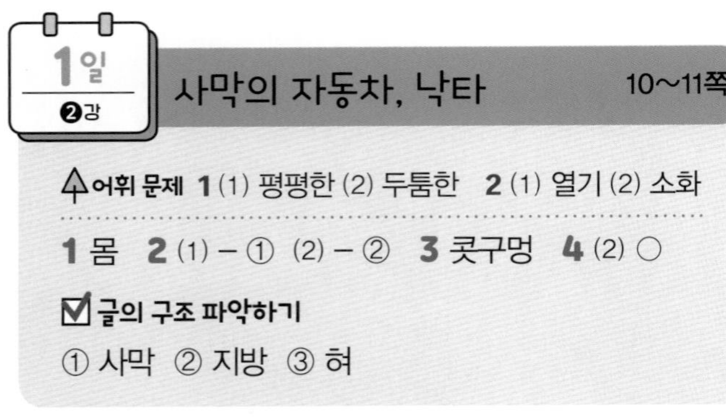

1일 ❷강 사막의 자동차, 낙타 10~11쪽

어휘 문제 **1** (1) 평평한 (2) 두툼한 **2** (1) 열기 (2) 소화

1 몸 **2** (1) – ① (2) – ② **3** 콧구멍 **4** (2) ○

글의 구조 파악하기

① 사막 ② 지방 ③ 혀

어휘 문제

1 (1) '바닥이 판판한.'을 뜻하는 '평평한'이 알맞습니다.
(2) '꽤 두꺼운.'을 뜻하는 '두툼한'이 알맞습니다.

2 (1) 첫소리가 'ㅇㄱ'이고 '뜨거운 기운.'을 뜻하는 낱말은 '열기'입니다.
(2) 첫소리가 'ㅅㅎ'이고 '먹은 음식을 몸에서 흡수하기 쉽게 만드는 것.'을 뜻하는 낱말은 '소화'입니다.

---

1 이 글은 낙타의 등, 다리, 코와 입 등이 사막에서 적응을 잘하도록 생겼다는 것을 설명하는 글입니다.

2 (1) 낙타의 혹 속에는 지방이 들어 있습니다.
(2) 낙타의 입속 피부는 아주 두껍고 혀에는 작은 혹들이 나 있습니다.

3 사진은 사막에서 모래바람이 부는 모습입니다. 모래바람이 불면 낙타는 코에 모래가 들어가지 않도록 콧구멍을 닫아야 합니다.

4 자동차는 사람을 태우거나 짐을 싣고 이동합니다. 사막에서는 짐을 나르거나 다른 곳으로 갈 때 낙타를 이용합니다.

글의 구조 파악하기

이 글은 사막에서 잘 살 수 있도록 생긴 낙타의 몸에 대해 설명하고 있습니다. 낙타의 혹, 다리, 코, 귀와 입 등의 특징을 정리해 봅니다.

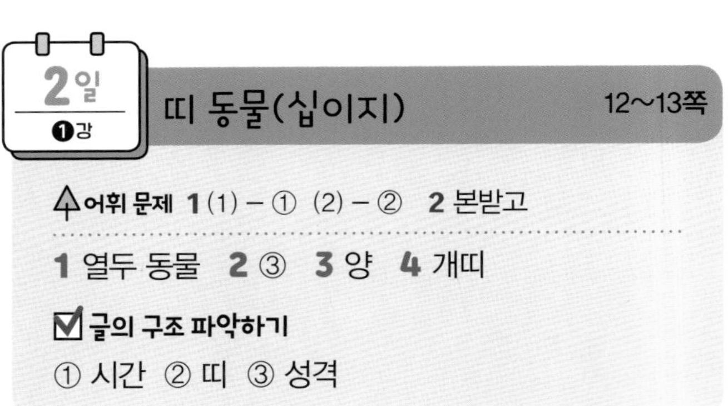

2일 ❶강 띠 동물(십이지) 12~13쪽

어휘 문제 **1** (1) – ① (2) – ② **2** 본받고

1 열두 동물 **2** ③ **3** 양 **4** 개띠

글의 구조 파악하기

① 시간 ② 띠 ③ 성격

어휘 문제

1 (1) '1년 365일.'을 뜻하는 '해'가 들어가는 것이 알맞습니다.
(2) '욕심이나 못된 생각이 없는.'을 뜻하는 '순수한'이 들어가는 것이 알맞습니다.

2 '본보기로 하여 그대로 따르고.'를 뜻하는 '본받고'가 알맞습니다.

---

1 이 글은 옛날 사람들이 우리를 지켜 준다고 생각했던 열두 동물과 관련된 글입니다.

2 사람들은 열두 동물의 좋은 성격을 본받기를 바라기도 했습니다.

3 민이가 학원에 간 시간은 오후 2시입니다. 오후 1시부터 3

시 사이를 지키는 동물은 '양'입니다.

4 오빠와 현이는 두 살 차이가 나므로, 원숭이띠 다음다음의 개띠가 현이의 띠가 됩니다.

글의 구조 파악하기

이 글은 열두 동물에 대해 설명하고 있습니다. 옛날부터 열두 동물은 해를 지킨다고 생각하였고, 사람이 태어나면 그 해의 동물이 나의 띠가 된다고 하였습니다. 또 열두 동물은 시간을 지킨다고 생각했습니다. 열두 동물의 좋은 성격을 본받기를 바라기도 했습니다.

2일 ❷강 어떤 시계를 사용했을까? 14~15쪽

어휘 문제 1 (1) 오목한 (2) 발명하여 2 (1) – ② (2) – ①

1 ③ **2** (1) – ② (2) – ① **3** 해시계 **4** (1) 날씨 (2) 밤

글의 구조 파악하기

① 물시계 ② 그림자

어휘 문제

1 (1) 그릇에 국물이 잘 담기려면 가운데가 둥글고 깊게 들어간 것이 좋습니다.
(2) 발명은 없던 것을 새로 만들어 낸다는 뜻이고, 발견은 있던 것을 찾아낸다는 뜻입니다.

2 (1) 우리나라의 아주 크고 우묵한 솥은 가마솥입니다.
(2) 자로 쓰는 나무 막대기는 잣대입니다.

---

1 이 글은 옛날부터 지금까지 사람들이 쓰던 시계를 순서대로 설명하고 있습니다.

2 자격루는 우리나라의 물시계, 앙부일구는 우리나라의 해시계입니다.

3 막대를 땅 위에 세워 놓고 그림자가 어떻게 움직이는지 눈금을 그려서 시간을 재는 시계는 해시계입니다.

4 해시계는 날씨가 좋지 않을 때나 밤에는 시간을 알 수 없었기 때문에 물시계가 만들어진 것입니다.

글의 구조 파악하기

이 글은 해시계, 물시계, 기계 시계의 순서대로 시계의 발달에 대해 설명하고 있습니다. 해시계는 그림자의 움직임을 이용한 시계이며, 물시계는 물의 높이에 따라 달라지는 잣대의 높이를 이용한 시계입니다.

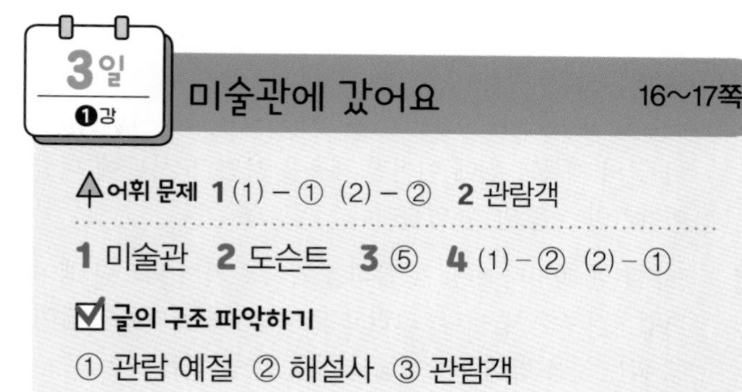

3일 ❶강 미술관에 갔어요 16~17쪽

어휘 문제 1 (1) – ① (2) – ② 2 관람객

1 미술관 **2** 도슨트 **3** ⑤ **4** (1) – ② (2) – ①

글의 구조 파악하기

① 관람 예절 ② 해설사 ③ 관람객

어휘 문제

1 (1) '예술 작품을 이해하여 즐기고 평가함.'을 뜻하는 '감상'이 알맞습니다.
(2) '여러 가지 물품을 한곳에 벌여 놓고 보임.'을 뜻하는 '전시'가 알맞습니다.

2 '공연이나 전시회 등을 구경하는 사람.'을 뜻하는 '관람객'이 알맞습니다.

---

1 이 글은 미술관에서 재미있게 관람하는 방법에 대해 설명하고 있습니다.

2 전시 해설사인 도슨트에 대한 설명입니다.

3 전시 내용을 미리 조사하고 가는 것이 도움이 된다고 했습니다.

4 (1) 눈으로만 보고 손을 대면 안 된다는 뜻입니다.
(2) 사진을 찍으면 안 된다는 뜻입니다.

글의 구조 파악하기

이 글은 전시 해설사인 도슨트의 뜻, 미술관에 오기 전 살펴볼 것들, 미술관에서 지켜야 할 관람 예절에 대해 설명하고 있습니다.

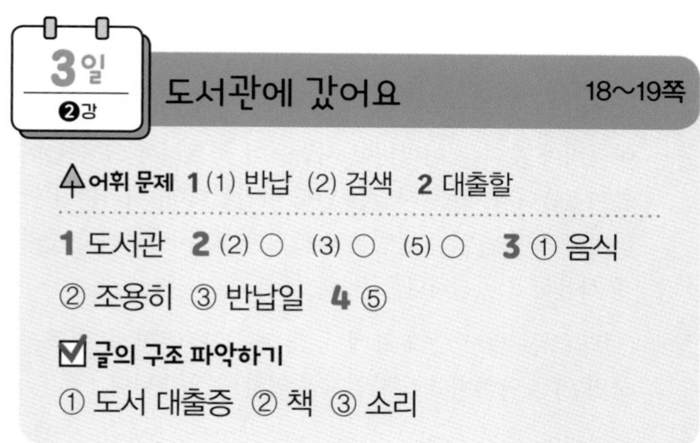

3일 ❷강 도서관에 갔어요 18~19쪽

어휘 문제 1 (1) 반납 (2) 검색 2 대출할

1 도서관 **2** (2) ○ (3) ○ (5) ○ **3** ① 음식 ② 조용히 ③ 반납일 **4** ⑤

글의 구조 파악하기

① 도서 대출증 ② 책 ③ 소리

어휘 문제

1 (1) '빌리거나 받은 것을 도로 돌려줌.'을 뜻하는 '반납'이 알맞습니다.
(2) '책이나 컴퓨터에 들어 있는 자료 중 필요한 자료를 찾

아냄.'을 뜻하는 '검색'이 알맞습니다.

2 '돈을 빌림'과 바꾸어 쓸 수 있는 낱말은 '대출함'입니다.

---

1 이 글의 제목과 뒤에 이어진 내용을 보면 '도서관'에 대한 이야기인 것을 알 수 있습니다.

2 도서관에 과자나 사탕 등 음식을 가지고 가서 먹으면 책이 더럽혀질 수 있습니다. 그리고 도서관에서는 다른 사람이 책 읽는 것을 방해하는 행동을 하면 안 됩니다.

3 도서관 규칙을 이 글에서 확인할 수 있습니다.

4 성우는 책을 5월 14일까지 반납해야 다른 책을 빌릴 수 있는데, 오늘은 5월 16일이어서 책을 빌릴 수가 없는 것입니다.

글의 구조 파악하기

이 글은 도서관 규칙에 대해 설명하고 있습니다.

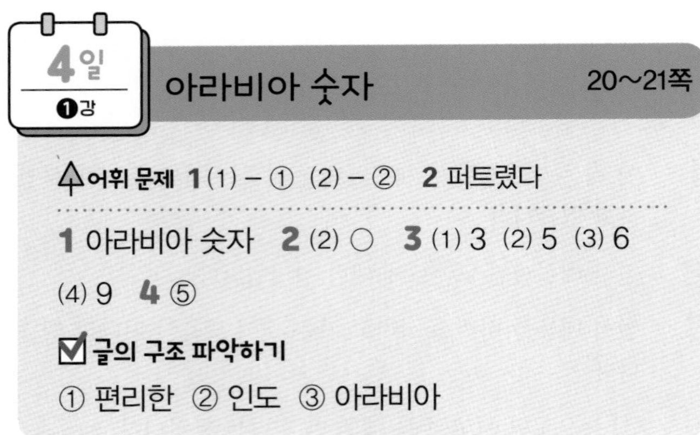

4일 ❶강 아라비아 숫자 20~21쪽

어휘 문제 1 (1) – ① (2) – ② 2 퍼트렸다

1 아라비아 숫자 2 (2) ○ 3 (1) 3 (2) 5 (3) 6 (4) 9 4 ⑤

글의 구조 파악하기

① 편리한 ② 인도 ③ 아라비아

어휘 문제

1 (1) '어떤 뜻을 나타내기 위해 쓰는 여러 가지 표시.'를 뜻하는 '기호'가 알맞습니다.
(2) '어떤 일을 하거나 무엇을 이용하기가 쉽지 않고 편하지 않음.'을 뜻하는 '불편'이 알맞습니다.

2 '널리 알려 알게 하였다.'를 뜻하는 '퍼트렸다'가 알맞습니다.

---

1 우리가 사용하고 있는 숫자는 아라비아 숫자입니다.

2 아라비아 숫자는 아라비아 사람들이 퍼트려서 그 이름이 붙여졌습니다. 만든 사람은 인도 사람입니다. 나라마다 아라비아 숫자를 읽는 방법은 다르지만, 모두 아라비아 숫자를 사용하고 있습니다.

3 (1)과 (2)는 한자 숫자 표에서, (3)과 (4)는 로마 숫자 표를 보면 어떤 아라비아 숫자인지 확인할 수 있습니다.

4 아라비아 숫자는 아무리 큰 수라도 0부터 9까지 숫자로 모든 수를 표현할 수 있습니다.

글의 구조 파악하기

아라비아 숫자는 인도 사람이 만들고 아라비아 사람이 널리 퍼트렸습니다. 로마 숫자나 한자 숫자는 수가 늘어날 때마다 새로운 숫자를 만들어야 해서 불편했습니다.

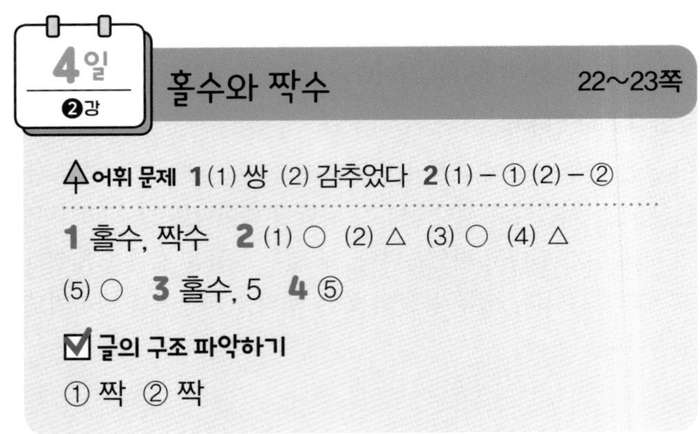

4일 ❷강 홀수와 짝수 22~23쪽

어휘 문제 1 (1) 쌍 (2) 감추었다 2 (1) – ① (2) – ②

1 홀수, 짝수 2 (1) ○ (2) △ (3) ○ (4) △ (5) ○ 3 홀수, 5 4 ⑤

글의 구조 파악하기

① 짝 ② 짝

어휘 문제

1 (1) '둘씩 짝을 이룬 것.'을 뜻하는 '쌍'이 알맞습니다.
(2) '남이 보거나 찾아내지 못하도록 가리거나 숨겼다.'를 뜻하는 '감추었다'가 알맞습니다.

2 (1) 가지런히 하여 어긋나지 않게 한다는 내용이므로 '맞췄다'가 알맞은 낱말입니다.
(2) 정답을 골라낸다는 내용이므로 '맞혔다'가 알맞은 낱말입니다.

---

1 이 글은 수 중에서 둘씩 짝이 지어지는 수와 짝이 지어지지 않는 수에 대해 설명하고 있습니다.

2 (1), (3), (5)는 짝을 지을 수 없는 홀수, (2), (4)는 짝을 지을 수 있는 짝수입니다.

3 감춘 구슬 5개의 수는 홀수이므로, 답을 맞힌 민수는 구슬 5개를 가질 수 있습니다.

4 민수네 반 아이들은 둘씩 짝을 지어서 남는 친구가 없으므로 짝수입니다.

글의 구조 파악하기

홀수와 짝수는 둘씩 묶어지는지에 따라 구분할 수 있습니다.

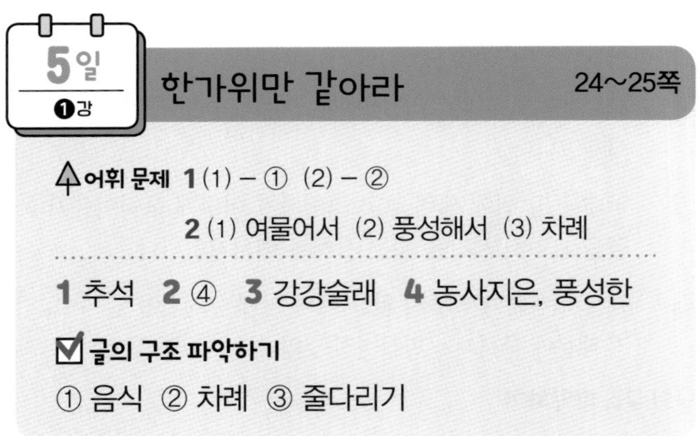

5일 ❶강 한가위만 같아라 24~25쪽

어휘 문제 1 (1) – ① (2) – ②
2 (1) 여물어서 (2) 풍성해서 (3) 차례

1 추석 2 ④ 3 강강술래 4 농사지은, 풍성한

글의 구조 파악하기

① 음식 ② 차례 ③ 줄다리기

어휘 문제

1 (1) '한'은 '크다'라는 뜻입니다.

(2) '가위'는 '가운데'라는 뜻입니다.

2 (1) '과실이나 곡식 따위가 알이 들어 딴딴하게 잘 익어서.'를 뜻하는 '여물어서'가 알맞습니다.
(2) '넉넉하고 많아서.'를 뜻하는 '풍성해서'가 알맞습니다.
(3) '추석이나 설날 등의 낮에 지내는 제사.'를 뜻하는 '차례'가 알맞습니다.

---

1 이 글은 우리나라를 대표하는 명절인 추석에 대해 설명하고 있습니다.

2 추석은 겨울의 달빛이 가장 좋은 날이 아니라, 가을의 달빛이 가장 좋은 날입니다.

3 밝은 달밤에 손을 잡고 둥글게 원을 그리면서 노는 놀이는 '강강술래'입니다.

4 추석은 가을에 있는 명절입니다. 여름 동안 열심히 농사지은 곡식을 수확하여 추석에는 풍성하게 음식을 마련하였습니다.

글의 구조 파악하기
이 글은 추석에 하는 일, 먹는 음식, 하는 놀이에 대해 설명하고 있습니다.

5일 ❷강 설날과 추석에 먹는 음식 26~27쪽

어휘 문제 **1** (1) 장수 (2) 결실 **2** (1) – ② (2) – ①

1 (1) – ② (2) – ① **2** ① **3** 가래떡, 고기 **4** ③

글의 구조 파악하기
① 추석 ② 같은 점 ③ 놀이

어휘 문제

1 (1) '오래도록 삶.'을 뜻하는 '장수'가 알맞습니다.
(2) '일의 결과가 잘 맺어짐.'을 뜻하는 '결실'이 알맞습니다.

2 (1) '어슷썰기'는 '무, 오이, 파 따위를 한쪽으로 비스듬하게 써는 일.'을 뜻합니다.
(2) '소'는 '송편이나 만두 따위를 만들 때 맛을 내기 위하여 속에 넣는 재료.'를 뜻합니다.

---

1 설날에는 떡국을, 추석에는 송편을 대표 음식으로 먹습니다.

2 송편은 햅쌀로 만든 쌀가루 반죽에 콩이나 깨를 소로 넣어 찌는 떡으로, 솔잎을 깔고 쪄서 솔잎 향이 납니다.

3 떡국은 고깃국에 어슷썰기 한 가래떡을 넣어 끓인 음식입니다.

4 설날과 추석에는 가족과 친척이 함께 모여서 맛있는 음식을 나누어 먹으며 가족과 이웃 간의 정을 나눕니다.

글의 구조 파악하기
이 글은 설날과 추석에 하는 일 중 같은 점과 다른 점을 비교하여 설명하고 있습니다.

1주 마무리 학습 28쪽

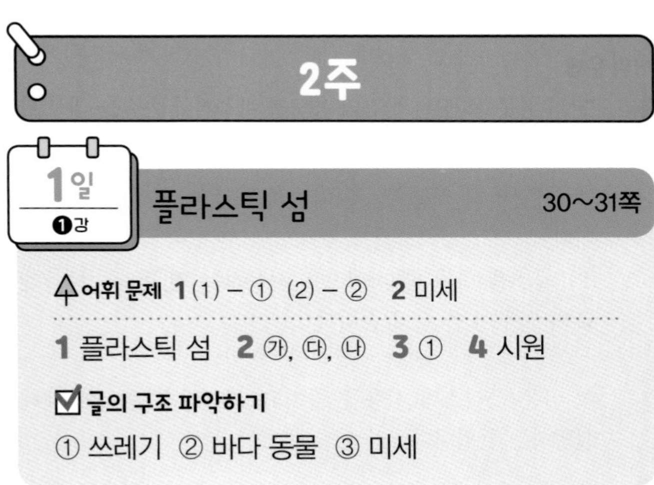

2주

1일 ❶강 플라스틱 섬 30~31쪽

어휘 문제 **1** (1) – ① (2) – ② **2** 미세

1 플라스틱 섬 **2** ㉮, ㉰, ㉯ **3** ① **4** 시원

글의 구조 파악하기
① 쓰레기 ② 바다 동물 ③ 미세

어휘 문제

1 (1) '싫은 생각이나 느낌.'을 뜻하는 '싫증'을 넣은 '싫증 나지'가 알맞습니다.
(2) '도중에 멈추거나 어떤 곳에 잠깐 묵다가.'를 뜻하는 '머무르시다가'가 알맞습니다.

2 '눈에 보이지 않을 정도로 매우 가늘고 작음.'을 뜻하는 '미세'가 알맞습니다.

---

1 이 글의 제목은 '플라스틱 섬'으로, 우리가 늘 사용하는 플라스틱이 바다로 들어가 점점 모여서 플라스틱 섬을 이룬다는 내용의 글입니다.

2 플라스틱 쓰레기가 바다로 흘러 들어가고 나서 바닷물이 둥글게 도는 바다 한가운데 머무르게 됩니다. 플라스틱 쓰레기들이 바다 한가운데에 많이 모이면 섬처럼 됩니다.

3 플라스틱은 잘 썩지 않기 때문에 썩는 데 500년 이상의 시간이 걸린다고 합니다. 그래서 플라스틱 섬은 줄어들지 않고 점점 커지는 것입니다.

4 이 글에서는 플라스틱이 어떤 문제를 만드는지 알려 주고 있습니다.

글의 구조 파악하기

많은 플라스틱 쓰레기가 모여서 플라스틱 섬이 만들어집니다. 플라스틱 섬이 생기면 바다 동물이 플라스틱 조각을 먹는 일이 일어나고, 플라스틱이 미세 플라스틱이 되어 나에게 피해를 줄 수 있습니다.

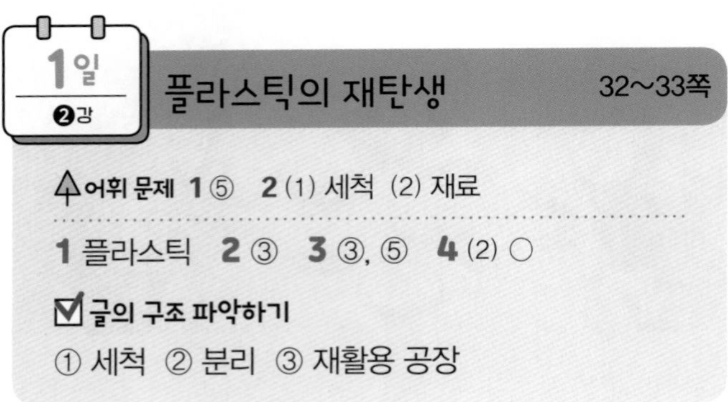

1일 ❷강 플라스틱의 재탄생 32~33쪽

어휘 문제 1 ⑤ 2 (1) 세척 (2) 재료

1 플라스틱 2 ③ 3 ③, ⑤ 4 (2) ○

글의 구조 파악하기

① 세척 ② 분리 ③ 재활용 공장

어휘 문제

1 '낡거나 못 쓰게 된 물건의 용도를 바꾸거나 손질을 해서 다시 이용하는 것.'을 뜻하는 '재활용'이 알맞습니다.

2 (1) '깨끗하게 씻음.'을 뜻하는 '세척'과 바꾸어 쓸 수 있습니다.
(2) '물건을 만들 때 바탕으로 사용하는 것.'을 뜻하는 '재료'와 바꾸어 쓸 수 있습니다.

1 이 글은 플라스틱 사용을 줄이고, 재활용하는 것에 대해 설명하는 글입니다.

2 계란은 자연에서 얻는 먹거리입니다. 플라스틱으로 먹거리는 만들 수 없습니다.

3 그림 속 친구는 페트병의 라벨을 안 떼고 분리배출도 하지 않았습니다.

4 '재탄생'은 새로운 모습으로 다시 나타났다는 뜻입니다. 이 글은 플라스틱의 모양을 바꾸어서 재활용하는 것에 대해 설명하고 있습니다.

글의 구조 파악하기

플라스틱을 재활용하는 순서는 라벨 제거, 세척, 분리 후 재활용 공장으로 보내 만들어진 새로운 플라스틱으로 여러 가지 물건을 만드는 것입니다.

2일 ❶강 재미있는 타악기(서양 악기) 34~35쪽

어휘 문제 1 조절해 2 (1) 묶어 (2) 또렷하게

1 ② 2 (1) ○ (2) ○ (3) △ (4) △ (5) △ 3 ④

4 타악기

글의 구조 파악하기

① 리듬 ② 소리 ③ 높낮이

어휘 문제

1 '균형에 맞게 바로잡거나 상황에 알맞게 맞춰.'를 뜻하는 '조절해'가 알맞습니다.

2 (1) '묶다'의 받침은 'ㄲ'입니다.
(2) 받침으로 'ㅆ'이 많이 쓰이지만 '또렷하다'의 받침은 'ㅅ'입니다.

1 타악기에서 '타'는 '친다'는 뜻입니다. 타악기는 두드리거나 치고 흔들어서 소리를 내는 악기라는 뜻입니다.

2 타악기 중에서 음의 높낮이를 연주하는 악기에는 팀파니, 실로폰, 마림바 등이 있습니다. 음의 높낮이 대신 리듬만 연주하는 악기에는 큰북, 작은북, 탬버린, 트라이앵글, 캐스터네츠, 심벌즈 등이 있습니다.

3 캐스터네츠는 조개 모양 나뭇조각 두 개를 묶어서 만든 타악기입니다.

4 팀파니는 두드리거나 치는 타악기이기 때문에 강하고 또렷한 소리가 납니다.

글의 구조 파악하기

타악기는 두드리거나 치고 흔들어서 소리를 내는 악기입니다. 리듬만 연주하는 타악기도 있고, 음의 높낮이를 연주할 수 있는 타악기도 있습니다.

2일 ❷강 재미있는 타악기(우리나라 악기) 36~37쪽

어휘 문제 1 (1) 울림 (2) 잘록 2 ①

1 사물놀이 2 (1) – ③ (2) – ① (3) – ④ (4) – ②

3 (1) 장구 (2) 북 (3) 꽹과리 (4) 징 4 (2) ○

글의 구조 파악하기

① 자연 ② 꽹과리

어휘 문제

1 (1) '울림'은 '소리가 무엇인가에 부딪혀 되돌아 나오는 것.'을 뜻하는 말입니다.

(2) '잘록'은 '한 군데가 조금 둥글게 깊이 패어 들어간 모양.'을 뜻합니다. 꽃병의 가운데가 들어가 있다고 하였으므로 '잘록하게'가 알맞습니다 .

2 '막혔던 곳이 뚫린.'이라는 뜻의 낱말은 '트인'입니다.

1 사물놀이는 꽹과리, 징, 장구, 북을 함께 연주하며 신나게 노는 우리나라 음악입니다.

2 비를 닮은 것은 장구, 구름을 닮은 것은 북, 천둥을 닮은 것은 꽹과리, 바람을 닮은 것은 징입니다.

3 장구와 북은 둘 다 나무와 가죽으로 되어 있지만, 장구는 몸통 가운데가 잘록하게 들어가 있습니다. 꽹과리와 징은 놋쇠로 만들었고, 징은 꽹과리보다 훨씬 크다고 했습니다.

4 사물놀이 악기인 꽹과리, 징, 장구, 북은 만든 재료는 다르지만 두드려서 소리를 낸다는 점은 같습니다.

글의 구조 파악하기

'꽹과리, 징, 장구, 북'은 사물놀이 악기입니다. 각각의 사물놀이 악기는 천둥, 바람, 비, 구름과 닮았습니다.

어휘 문제 1 (1) 환하다 (2) 관찰 2 둘레

1 ① 2 (1) × (2) ○ (3) × 3 민준 4 (2) ○

글의 구조 파악하기

① 바다 ② 지구 ③ 태양

어휘 문제

1 (1) '밝다'는 '불빛 따위가 환하다.'라는 뜻이고, '환하다'는 '빛이 비치어 맑고 밝다.'라는 뜻입니다.

(2) '조사'는 '사물의 내용을 명확히 알기 위하여 자세히 살펴보거나 찾아봄.'이라는 뜻이고, '관찰'은 '사물이나 현상을 주의 깊게 살펴봄.'이라는 뜻입니다.

2 '둘레'는 '사물의 테두리나 바깥 가까이.'라는 뜻입니다. 그림을 보면 지구가 태양의 둘레를 한 바퀴 돌고 있습니다.

1 이 글은 달의 모양이 바뀌는 까닭을 설명하는 글입니다.

2 (1) 달은 지구보다 작습니다.

(2) 태양은 스스로 빛을 낼 수 있지만 달은 스스로 빛을 내지 못하고 태양 빛을 받을 때만 빛이 납니다.

(3) 달의 바다라고 생각했던 곳은 낮고 평평한 땅이라는 것을 알 수 있습니다.

3 옛날 사람들은 달에 토끼가 산다고 생각했는데, 달의 어두운 부분이 토끼처럼 보였기 때문입니다.

4 달이 태양의 반대쪽에 있을 때 달은 우리에게 보름달로 보입니다.

글의 구조 파악하기

달은 지구의 둘레를 돌고 있고, 달은 태양과 멀어질수록 둥근 모양이 됩니다. 물이 없는 낮고 평평한 땅을 달의 바다라고 합니다.

어휘 문제 1 (1) 빙그르 (2) 무럭무럭 2 비스듬하게

1 태양 2 ㉯, ㉱ 3 (1) ○ 4 ④

글의 구조 파악하기

① 힘 ② 계절

어휘 문제

1 (1) '빙그레'는 '웃는 모양.', '빙그르'는 '한 바퀴 도는 모양.'을 나타내는 말입니다.

(2) '무럭무럭'은 '힘차게 잘 자라는 모양.'을, '모락모락'은 '연기나 김이 나오는 모양.'을 나타내는 말입니다.

2 그림 속 책은 기울어져서 꽂혀 있습니다. '비스듬하게'는 '한쪽으로 약간 기울어지게.'라는 뜻입니다.

1 우주에 있는 태양은 아주 뜨겁고 크고 밝고 스스로 빛을 냅니다.

2 지구는 태양의 둘레를 돌고 있고, 지구가 돌면서 태양을 바라볼 때 낮이 됩니다.

3 지구는 비스듬하게 기울어져 태양 주위를 돌기 때문에 계절이 생긴다고 하였습니다.

4 태양은 열과 빛을 지구에 알맞게 보내 줘서 지구의 식물과 동물, 사람이 살아갈 수 있습니다.

글의 구조 파악하기

지구는 태양의 열과 빛으로 힘을 얻습니다. 지구가 비스듬하게 기울어져 태양의 둘레를 돌고 있기 때문에 계절이 생깁니다.

어휘 문제 1 (1) – ① (2) – ② 2 과수원

1 ⑤ 2 도매 시장 3 ㉯, ㉰, ㉮, ㉱ 4 ③

글의 구조 파악하기

① 도매 ② 필요한

어휘 문제

1 (1) '여러 사람에게 보이기 위해 죽 벌여 놓음.'을 뜻하는 '진열'이 알맞습니다.
(2) '따로따로인 한 개 한 개.'를 뜻하는 '낱개'가 알맞습니다.

2 '감나무, 사과나무, 배나무와 같이 열매를 먹을 수 있는 나무를 심은 밭.'을 뜻하는 '과수원'이 알맞습니다.

---

1 이 글은 가게에서 사는 물건들이 우리에게 오는 과정에 대해 설명하는 글입니다.

2 도매 시장은 물건을 만든 곳에서 많은 양의 물건을 한꺼번에 사 와서 큰 묶음으로 파는 곳입니다.

3 물건은 자연에서 얻은 재료로 공장에서 만들고 도매 시장, 가게를 거쳐서 우리에게 옵니다.

4 만약에 시장이나 가게들이 없다면 필요한 물건이 있을 때마다 각각의 장소로 찾아가야 해서 많이 불편할 것입니다.

글의 구조 파악하기

물건은 과수원이나 공장에서 도매 시장을 거쳐서 작은 가게로 옵니다. 우리는 가게에서 필요한 만큼 살 수 있습니다.

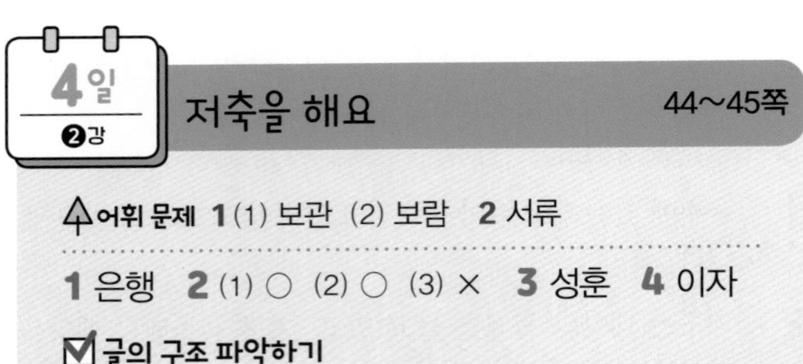

4일 ❷강 저축을 해요 44~45쪽

어휘 문제 1 (1) 보관 (2) 보람 2 서류

1 은행 2 (1) ○ (2) ○ (3) × 3 성훈 4 이자

글의 구조 파악하기

① 이자 ② 보관 ③ 자세하게

어휘 문제

1 (1) '물건 같은 것을 맡아서 간직하고 관리함.'을 뜻하는 '보관'이 알맞습니다.
(2) '어떤 일을 한 뒤에 얻어지는 좋은 결과나 만족감.'을 뜻하는 '보람'이 알맞습니다.

2 주민센터나 회사에는 글자로 기록한 여러 가지 문서가 있습니다. '글자로 기록한 문서.'를 뜻하는 '서류'가 알맞습니다.

---

1 목표를 정하고, 용돈을 은행에 저축하자는 내용의 글입니다.

2 (3) 저금통은 꺼내기 쉬워서 저축하기 어렵다고 하였습니다.

3 저축 목표를 세울 때는 '언제까지, 얼마를 모아서, 무엇을 하겠다.'와 같이 자세하게 세우는 것이 좋습니다.

4 은행에 저축을 하면 내가 저축한 돈보다 조금 더 많은 돈을 줍니다. 은행에서 주는 이 돈을 '이자'라고 합니다.

글의 구조 파악하기

은행은 돈을 보관하거나 빌려주는 곳으로 은행에 저축을 하면 이자를 줍니다. 저축 목표는 자세하게 세워야 합니다.

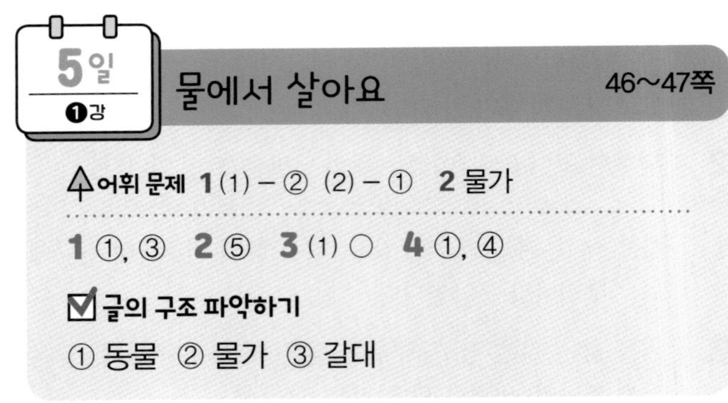

5일 ❶강 물에서 살아요 46~47쪽

어휘 문제 1 (1) – ② (2) – ① 2 물가

1 ①, ③ 2 ⑤ 3 (1) ○ 4 ①, ④

글의 구조 파악하기

① 동물 ② 물가 ③ 갈대

어휘 문제

1 (1) '생물'의 뜻은 '동물, 식물 등 생명을 가지고 스스로 살아가는 것.'입니다.
(2) '분류'의 뜻은 '여러 종류에 따라 나눔.'입니다.

2 아버지와 아이가 물의 가장자리에서 낚시를 하고 있는 그림입니다. '바다나 강과 같이 물이 있는 곳의 가장자리.'를 뜻하는 '물가'가 알맞습니다.

---

1 이 글은 물에 사는 식물과 물에 사는 동물에 대해 설명하는 글입니다.

2 물거미, 우렁이, 게아재비, 소금쟁이는 물에 사는 동물이지만, 개구리밥은 물에 사는 식물입니다.

3 검정말과 나사말은 물속에 사는 식물이고, 갈대와 미나리는 물가에 사는 식물입니다.

4 수련과 부레옥잠은 물에 사는 식물입니다.

글의 구조 파악하기

이 글은 물에 사는 생물을 동물과 식물로 나누고 물에서 사는 장소에 따라 나누어 설명한 글입니다. 소금쟁이는 물 위에, 물거미, 물방개, 물자라, 장구애비는 물속에, 개구리, 수달은 물가에 각각 사는 동물입니다. 부레옥잠, 개구리밥, 수련은 물 위에, 검정말, 나사말은 물속에, 갈대, 미나리는 물가에 각각 사는 식물입니다.

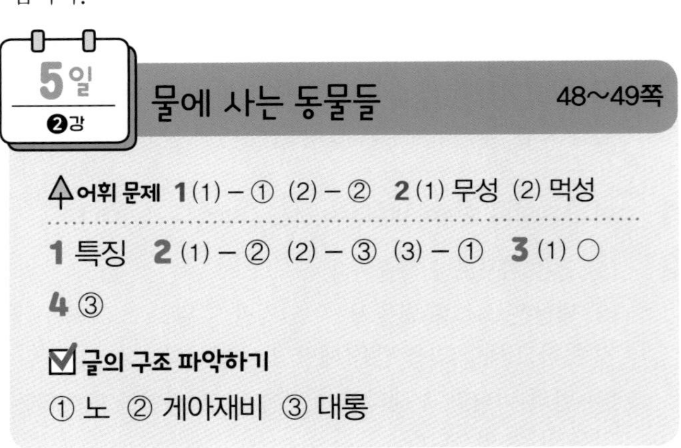

5일 ❷강 물에 사는 동물들 48~49쪽

어휘 문제 1 (1) – ① (2) – ② 2 (1) 무성 (2) 먹성

1 특징 2 (1) – ② (2) – ③ (3) – ① 3 (1) ○

4 ③

글의 구조 파악하기

① 노 ② 게아재비 ③ 대롱

어휘 문제

1 (1) '산란기'의 뜻은 '알을 낳을 시기.'입니다.
(2) '애벌레'의 뜻은 '알에서 나온 후 아직 다 자라지 않은 벌레.'입니다.

2 (1) '풀이나 나무가 자라서 우거짐.'을 뜻하는 '무성'이 알맞습니다.
(2) '음식을 좋아하고 싫어하는 성미.'를 뜻하는 '먹성'이 알맞습니다.

---

1 이 글은 물에 사는 여러 동물들이 각각 어떤 특징을 가지고 있는지 설명하는 글입니다.

2 꽁무니에 긴 대롱이 있는 동물은 장구애비, 물속에 공기 방울 집을 짓고 사는 동물은 물거미, 다리에 기름기가 묻어 있는 털이 나 있는 동물은 소금쟁이입니다.

3 납자루는 물이 깨끗하고 물풀이 무성한 곳에서 삽니다.

4 물자라 수컷은 알을 잘 돌보기 위해서 등에 업고 다닙니다. 천적의 위험으로부터 알을 보호하려는 것입니다.

글의 구조 파악하기

이 글은 물에 사는 여러 동물들의 특징을 설명하고 있습니다. 소금쟁이는 기름기가 묻어 있는 털이 난 다리, 물방개는 노처럼 생긴 뒷다리, 물거미는 물속에 공기 방울 집 짓기, 게아재비는 다리로 기어다니기, 납자루는 화려한 색깔의 수컷, 물자라는 수컷이 알을 등에 업고 다니기, 장구애비는 긴 대롱이 있는 꽁무니가 각각의 특징입니다.

2주 마무리 학습 50쪽

사	자	플	라	스	틱	별	태	수	기
동	물	건	면	납	자	루	양	련	타
재	건	놀	돌	보	름	달	음	악	용
활	슈	더	이	도	장	참	기	수	돈
용	퍼	도	매	시	장	새	저	은	행
기	분	류	문	구	물	방	개	축	복

어휘 문제 **1** 비교 **2** (1) 저울 (2) 경험

1 ①, ④ **2** (1) ○ (4) ○ **3** (1) 짧다 (2) 길다
4 (3) ○

글의 구조 파악하기
① 길이 ② 무게

어휘 문제

1 '비교'는 '둘 이상의 것을 함께 놓고 어떤 점이 같고 다른지 살펴봄.'을 말합니다.

2 (1) 저울은 무게를 재는 데 사용하는 도구입니다.
(2) 풍부한 경험이 있어야 멋진 글을 쓰는 작가가 될 수 있습니다.

---

1 이 글은 여러 물건의 길이나 무게를 비교하는 방법과 길이나 무게를 비교할 때 표현하는 말에 대해 알려 주고 있습니다.

2 직접 들어 보아 비교할 수 있는 것은 무게이고, 세 가지 물건의 길이나 무게도 비교할 수 있다고 했습니다.

3 가위와 연필의 한쪽 끝을 맞춘 상태에서 연필보다 더 긴 것은 가위입니다. 연필은 가위보다 더 짧습니다.

4 풍선, 야구공, 볼링공의 무게를 비교하면, 볼링공이 가장 무겁습니다.

글의 구조 파악하기

자나 저울을 사용하지 않고 여러 물건의 길이나 무게를 비교할 수 있습니다. 길이를 비교할 때는 물건의 한쪽 끝을 맞추어 다른 쪽 끝의 차이를 비교하고, 무게를 비교할 때는 직접 들어 보거나 책이나 텔레비전에서 본 경험을 통해 비교합니다.

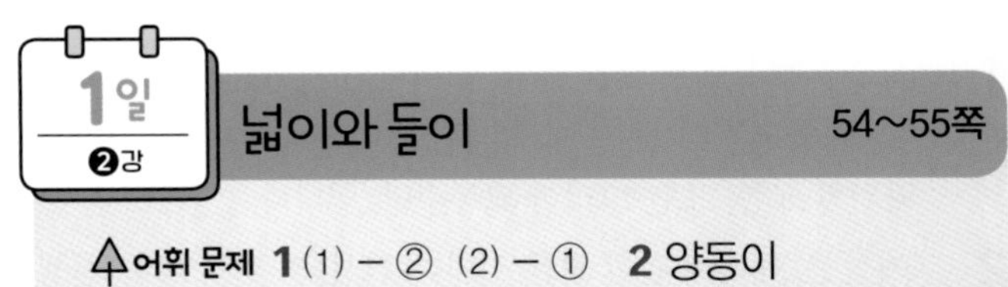

어휘 문제 **1** (1) – ② (2) – ① **2** 양동이

1 넓이, 들이(또는 들이, 넓이) **2** (2) ○ **3** 초희
4 적다

글의 구조 파악하기
① 눈 ② 좁다 ③ 물 ④ 많다

어휘 문제

1 (1) '넓이'는 '어떤 장소나 물건이 차지하는 공간이나 평면의 넓은 정도.'를 나타냅니다.
(2) '들이'는 '통이나 그릇 안에 담을 수 있는 양'.을 나타냅니다.

2 '양동이'는 '한 손으로 들 수 있도록 손잡이를 단 들통'.입니다.

---

1 이 글은 여러 물건을 넓이와 들이로 비교하는 방법과 넓이와 들이로 비교할 때 표현하는 말에 대해 알려 주고 있습니다.

2 이 글에서는 양동이에 담을 수 있는 양이 가장 많다고 했습니다.

3 이 글에서는 공책이 스케치북보다 더 좁다고 했고, 스케치북, 공책, 메모지 중에서는 메모지가 가장 좁다고 했습니다.

4 종이컵 3개에 담을 수 있는 물의 양이 종이컵 4개에 담을 수 있는 물의 양보다 적으므로 여학생의 물병이 남학생의 물병보다 담을 수 있는 물의 양이 더 적습니다.

글의 구조 파악하기

넓이를 비교할 때는 서로 겹치거나 맞대어 볼 수 있고, 들이를 비교할 때는 직접 물을 담아 볼 수 있습니다. 넓이를 비교할 때 표현하는 말에는 '넓다'와 '좁다', 들이를 비교할 때 표현하는 말에는 '많다'와 '적다'가 있습니다.

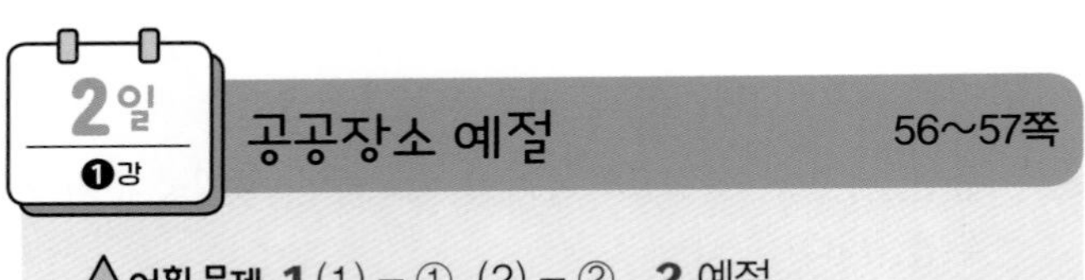

공공장소 예절 56~57쪽

어휘 문제 1 (1) – ① (2) – ② 2 예절

1 공공장소 2 ⑤ 3 정수, 서희 4 전시장

글의 구조 파악하기

① 공공장소 ② 차례 ③ 만지지

어휘 문제

1 (1) '좌석'의 뜻은 '앉을 수 있게 마련된 자리.'입니다.
(2) '대중교통'의 뜻은 '여러 사람이 이용하는 버스, 지하철 따위의 교통. 또는 그러한 교통수단.'입니다.

2 '예절'은 '예의에 관한 모든 절차나 질서.'를 말합니다. 선생님께 인사할 때나 공공장소에서는 예절을 지켜야 합니다.

---

1 이 글은 공공장소에서 다른 사람들을 불편하게 하지 않기 위해 지켜야 할 예절을 알려 주고 있습니다.

2 단독 주택은 한 채로 따로 지은 집으로, 공공장소가 아닙니다.

3 버스 안에서 통화할 때는 작은 소리로 통화해야 합니다. 식당에서는 뛰어다니면 안 되고 자기 자리에 앉아서 식사해야 합니다.

4 전시된 작품이 있는 곳은 전시장입니다.

글의 구조 파악하기

공공장소는 여러 사람이 함께 이용하는 곳을 말합니다. 버스를 타고 내릴 때는 차례를 지켜야 하고, 전시장에서는 전시된 작품을 함부로 만지지 말아야 합니다.

층간 소음 줄이기 58~59쪽

어휘 문제 1 (2) ○ 2 (1) 배려 (2) 예방

1 층간 소음 2 ③ 3 예 쿵쾅거리며 뛰면 안 돼. / 집에서는 실내화를 신고 조용히 걸어 다녀야 해. 4 ⑤

글의 구조 파악하기

① 시끄러운 ② 가구 ③ 매트 ④ 밤

어휘 문제

1 '소음'은 '불규칙하게 뒤섞여 불쾌하고 시끄러운 소리.'를 뜻합니다. '크게 부르짖거나 외치는 소리.'는 '고함'입니다.

2 (1) '배려'는 '도와주거나 보살펴 주려고 마음을 씀.'을 뜻합니다.
(2) '예방'은 '병이나 사고 등이 생기지 않도록 미리 막는 일.'을 뜻합니다.

---

1 글쓴이는 층간 소음을 예방하는 방법을 알려 주고 이웃을 배려하는 마음으로 층간 소음을 줄이기 위해 노력해야 한다고 생각하고 있습니다.

2 식탁에서 밥 먹는 소리는 층간 소음이 아닙니다.

3 그림 속 친구들처럼 집에서 뛰어다니면 층간 소음이 발생합니다. 따라서 뛰지 않거나 실내화를 신고 다니라고 말해줘야 합니다.

4 층간 소음이 일어나면 이웃 간의 다툼이 생길 수 있다고 했습니다.

글의 구조 파악하기

층간 소음은 공동 주택에서 위아래 층에 발생하는 시끄러운 소리를 말합니다. 층간 소음의 예로는 가구 끄는 소리, 아이들이 뛰어다니는 소리, 반려동물 소리 등이 있습니다. 층간 소음을 예방하려면 실내화를 신거나 바닥에 매트를 깔고, 늦은 밤이나 이른 아침에 소음이 발생하는 물건을 사용하지 말아야 합니다.

3일 ❶강 몸이 아프면 어떻게 해야 할까요? 60~61쪽

어휘 문제 1 (1) – ① (2) – ② 2 (1) 대처 (2) 활동

1 (1) ○ 2 ㉰ 3 미라 4 ②

글의 구조 파악하기

① 집 ② 학교 ③ 놀이터

어휘 문제

1 (1) '적절히'의 뜻은 '꼭 알맞게.'입니다.
(2) '분명하게'의 뜻은 '흐릿함이 없이 똑똑하고 뚜렷하게.' 입니다.

2 (1) '대처'는 '어떤 어려운 일이나 상황을 이겨 내기에 알맞게 행동함.'을 뜻합니다.
(2) '활동'은 '몸을 움직여 행동하는 것.'을 뜻합니다.

1 이 글은 집, 학교, 놀이터에서 몸이 아프거나 다쳤을 때 어떻게 해야 하는지를 알려 주고 있습니다.

2 학교에서 몸이 아프면 먼저 활동을 멈추고 선생님께 말씀드려야 합니다.

3 몸이 아플 때 사람들에게 빨리 알려서 적절히 대처해야 빨리 나을 수 있다고 했습니다.

4 몸이 아플 때 가서 치료를 받는 곳은 병원입니다.

글의 구조 파악하기

집에서 아플 때는 부모님께 아픈 곳을 말씀드린 뒤 병원에 가야 합니다. 학교에서 아플 때는 활동을 멈추고 선생님께 아픈 곳을 자세히 알린 뒤 선생님 말씀을 따라야 합니다. 놀이터에서 다쳤을 때는 휴대 전화로 부모님이나 주위 사람에게 알려야 합니다.

3일 ❷강 몸이 아프면 어디로 가야 할까요? 62~63쪽

어휘 문제 1 (1) 치료 (2) 진찰 2 증상

1 병원 2 (2) ○ (3) ○ 3 정형외과 4 (1) 안과 (2) 치과

글의 구조 파악하기

① 병원 ② 어린이 ③ 이비인후과

어휘 문제

1 (1) '병이나 다친 데를 잘 다스려 낫게 함.'을 뜻하는 낱말은 '치료'입니다.
(2) '의사가 병을 치료하기 위하여 환자의 상태를 살피는 것.'을 뜻하는 낱말은 '진찰'입니다.

2 '증상'은 '병에 걸렸을 때 나타나는 여러 가지 상태나 모양.'을 뜻합니다.

1 이 글은 몸이 아플 때 가야 하는 병원의 종류를 소개하고, 몸이 아픈 증상에 따라 치료하기에 알맞은 병원을 찾아가야 한다는 것을 알려 주고 있습니다.

2 치과는 이와 입안의 병을 치료하는 병원입니다.

3 그림 속 친구는 발목뼈를 다쳐서 붕대를 감고 있습니다. 이렇게 뼈가 다쳤을 때 치료해 주는 병원은 정형외과입니다.

4 안과는 눈의 병을, 치과는 이와 입안의 병을 치료하는 병원입니다.

글의 구조 파악하기

몸이 아프거나 다쳤을 때 가는 곳은 병원입니다. 소아 청소년과는 어린이나 청소년의 병을 치료하는 병원이고, 이비인후과는 귀, 코, 목의 병을 치료하는 병원입니다.

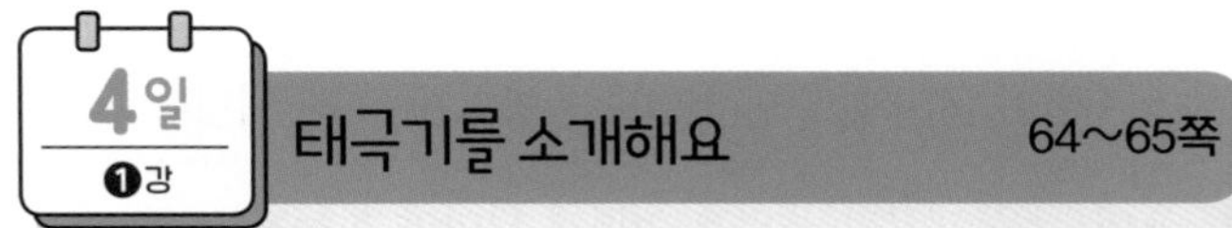

4일 ❶강 태극기를 소개해요 64~65쪽

어휘 문제 1 (1) – ② (2) – ① 2 모서리

1 ① 2 (1) – ② (2) – ① 3 (1) 이괘 (2) 태극 (3) 감괘 4 (2) ○ (3) ○

글의 구조 파악하기

① 평화 ② 태극 ③ 4괘

어휘 문제

1 (1) '조상'의 뜻은 '자기 세대 이전의 모든 세대.'입니다.
(2) '평화'의 뜻은 '평온하고 화목함.'입니다.

2 일상생활에서 사용하는 '모서리'라는 낱말은 '물체에서 모가 진 가장자리.'를 뜻합니다.

1 이 글은 태극기에 담긴 깊은 뜻을 소개하고 있습니다.

2 태극은 태극기의 가운데에 있는 빨갛고 파란 무늬의 원을 말하고, 4괘는 태극기의 네 모서리에 있는 까만 막대기를 말합니다.

3 왼쪽 위에 있는 것이 '건괘'이고, 시계 방향(↻)으로 '감괘', '곤괘', '이괘'가 놓여 있습니다. 가운데에 있는 것은 '태극'입니다.

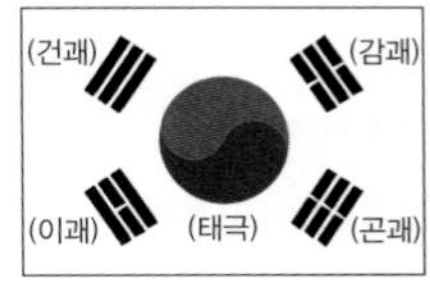

4 태극기에는 평화를 사랑하는 우리 조상의 마음과, 밝음(양)과 어둠(음)이 서로 어울려 변화하면서 발전하는 세상의 모습을 담고 있습니다.

글의 구조 파악하기

태극기의 흰색 바탕은 평화를 사랑하는 우리 조상의 마음을, 태극은 밝음과 어둠이 서로 어울리는 모습을, 4괘는 밝음과 어둠이 서로 변화하며 발전하는 모습을 뜻합니다.

4일 ❷강 태극기는 이렇게 달아요 66~67쪽

어휘 문제 1 (1) ② ○ (2) ② ○
2 (1) 깃봉 (2) 깃대 (3) 깃발

1 ① 2 개천절, 광복절 3 (2) ○ 4 찬우

글의 구조 파악하기
① 위 ② 왼쪽 ③ 아래 ④ 내려서

어휘 문제

1 (1) '되찾은'의 뜻에는 '다시 찾은'이라는 내용이 담겨 있습니다.
(2) '숨진'의 뜻에는 '숨이 끊어진'이라는 내용이 담겨 있습니다.

2 '깃봉'은 '깃대 꼭대기에 꽂는 꽃봉오리처럼 생긴 장식'이고, '깃대'는 '깃발을 달아매는 긴 막대기.'입니다. 그리고 '깃발'은 '깃대에 달린 천이나 종이로 된 부분.'입니다.

1 이 글은 태극기를 언제 어떻게 달아야 하는지 그 방법을 알려 주고 있습니다.

2 태극기를 깃봉 바로 아래에 다는 날은 나라의 기쁜 날입니다. 개천절과 광복절은 나라의 기쁜 날이지만, 현충일은 나라의 슬픈 날입니다.

3 나라의 슬픈 날에 태극기를 달 때는 깃봉에서 태극기의 세로 길이만큼 내려서 달아야 합니다. 이렇게 단 국기를 '조기'라고 합니다.

4 태극기를 달 때는 태극 무늬의 빨간색이 위로 가야 하고, 밖에서 보았을 때 건물의 중앙이나 왼쪽에 달아야 합니다.

글의 구조 파악하기

태극기를 달 때 태극 무늬의 빨간색은 위로 가게 해야 합니다. 건물 밖에서 보았을 때 건물의 중앙이나 왼쪽에 달아야 합니다. 나라의 기쁜 날에는 깃봉 바로 아래에, 나라의 슬픈 날에는 깃봉에서 태극기의 세로 길이만큼 내려서 달아야 합니다.

5일 ❶강 잘 자면 키가 쑥쑥 68~69쪽

어휘 문제 1 (1) – ① (2) – ② 2 외부

1 충분히, 깊이 2 (3) ○ 3 나연, 희철 4 성장 호르몬

글의 구조 파악하기
① 잠 ② 충분히 ③ 깊이 ④ 운동

어휘 문제

1 (1) '조명'의 뜻은 '빛을 비추는 것. 또는 그 빛.'입니다.
(2) '암막'의 뜻은 '빛이 들어오는 것을 막고 방 안을 어둡게 하기 위하여 둘러치는 검은 막.'입니다.

2 '밖이 되는 부분.'을 뜻하는 '외부'가 알맞습니다.

1 이 글은 키가 크기 위해서 잠을 충분한 시간 동안 깊이 자야 한다고 이야기하고 있습니다.

2 잠들기 전에는 텔레비전이나 컴퓨터 같은 전자 기기의 빛을 보면 안 되고, 심한 운동도 하면 안 된다고 했습니다.

3 영수는 잠을 자는 시간이 부족하고, 미진이는 잠을 자기 전에 휴대 전화를 사용했습니다.

4 잠을 충분히 자야 하는 까닭은 키를 크게 해 주는 성장 호르몬이 잠자는 동안에 나오기 때문입니다.

글의 구조 파악하기

키가 크기 위해서는 잠을 잘 자야 합니다. 초등학생은 하루에 10~11시간 동안 충분히 잠을 자야 합니다. 그리고 잠을 깊이 자기 위해 자기 전에 심한 운동을 하지 말아야 하고, 전자 기기의 빛도 보지 말아야 합니다.

5일 ❷강 운동하면 몸이 튼튼 70~71쪽

어휘 문제 1 (1) – ② (2) – ① 2 (1) 준비 (2) 정리

1 운동 2 ㉯, ㉮, ㉰ 3 줄넘기 4 ⑤

글의 구조 파악하기
① 체력 ② 걷기 ③ 준비

어휘 문제

1 (1) '견디다'의 뜻은 '힘들거나 어려운 것을 참고 버티어 살아 나가다.'입니다.
(2) '활기차다'의 뜻은 '힘이 넘치고 생기가 가득하다.'입니다.

2 (1) '미리 마련하여 갖춤.'을 뜻하는 '준비'가 알맞습니다.
(2) '흐트러지거나 어수선한 상태에 있는 것을 한데 모으거나 치움.'을 뜻하는 '정리'가 알맞습니다.

1 이 글에서는 몸이 튼튼해지기 위해 체력을 기를 수 있는 운동을 해야 한다고 말하고 있습니다.

2 운동을 실천할 때는 준비 운동을 먼저 한 뒤 주운동을 하고 마지막에 정리 운동을 합니다.

3 경아는 좁은 공간에서 혼자서 운동을 해야 하는 상황이므로 줄넘기를 하는 것이 알맞습니다.

4 몸과 팔다리를 쭉 펴는 운동이라고 했으므로 스트레칭이 알맞습니다.

글의 구조 파악하기

운동을 통해 체력을 기르면 몸이 튼튼해집니다. 혼자서 할 수 있는 운동에는 걷기, 달리기, 줄넘기가 있고, 친구와 함께 할 수 있는 운동에는 공놀이가 있습니다. 운동을 실천할 때는 준비 운동, 주운동, 정리 운동의 순서대로 하며, 준비 운동과 정리 운동으로 스트레칭을 합니다.

72쪽

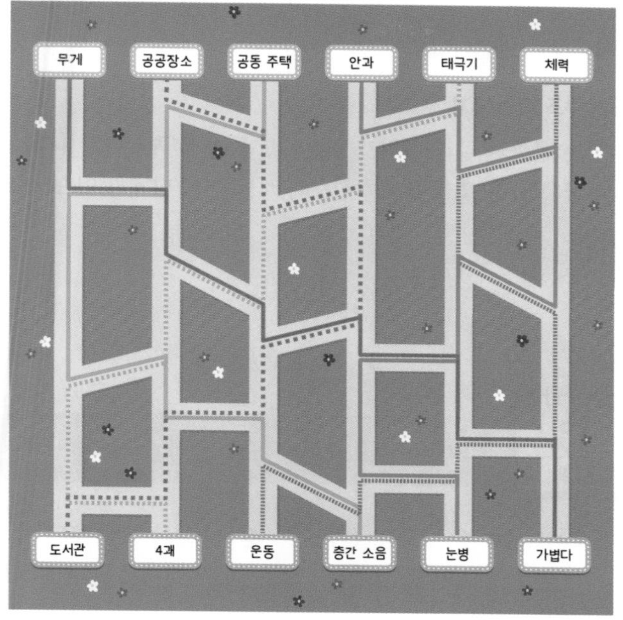

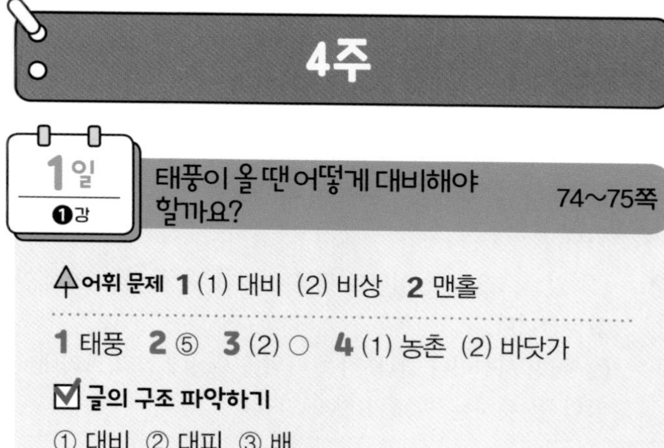

4주

1일 ❶강 태풍이 올 땐 어떻게 대비해야 할까요? 74~75쪽

어휘 문제 1 (1) 대비 (2) 비상 2 맨홀

1 태풍 2 ⑤ 3 (2) ○ 4 (1) 농촌 (2) 바닷가

글의 구조 파악하기
① 대비 ② 대피 ③ 배

어휘 문제

1 (1) '앞으로 일어날 수 있는 어려운 상황에 대해 미리 준비함.'을 뜻하는 말은 '대비'입니다.
(2) '미리 생각하지 못했던 위급한 일. 또는 이러한 일을 처리하기 위한 긴급한 명령.'을 뜻하는 말은 '비상'입니다.

2 '맨홀'은 '땅속에 묻은 수도관이나 하수관, 전깃줄 같은 것을 검사하거나 수리 또는 청소하기 위하여 사람이 드나들 수 있게 만든 구멍.'을 말합니다.

1 이 글은 태풍이 올 때 어떻게 대비해야 하는지를 알려 주고 있습니다.

2 태풍이 발생하면 사람이 다치거나 죽는 일도 발생할 수 있습니다.

3 태풍이 올 때는 맨홀 근처나 태풍 피해 현장에 가지 말고, 텔레비전을 통해 태풍 상황을 확인해야 합니다.

4 논둑을 점검하고 농경지가 물에 잠기지 않도록 대비해야 하는 곳은 농촌입니다. 배가 떠내려가지 않게 묶어 두고, 높은 파도에 대비해야 하는 곳은 바닷가입니다.

글의 구조 파악하기

이 글은 태풍에 대비하는 방법을 설명하고 있습니다. 태풍에 대비하려면 대피 장소를 알아 두어야 하고, 바닷가에 사는 사람들은 배가 바다에 떠내려가지 않도록 잘 묶어 놓아야 합니다.

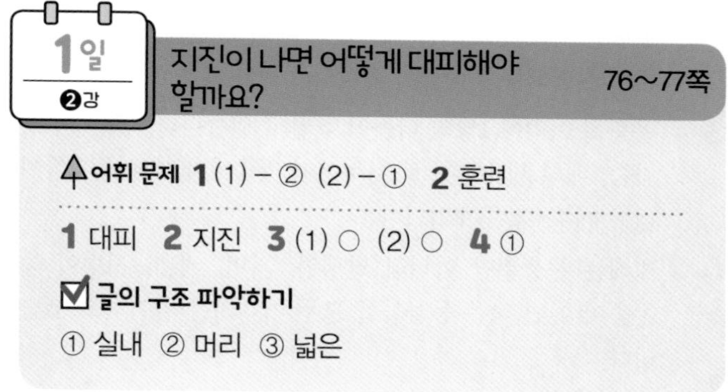

1일 ❷강 지진이 나면 어떻게 대피해야 할까요? 76~77쪽

어휘 문제 1 (1) – ② (2) – ① 2 훈련

1 대피 2 지진 3 (1) ○ (2) ○ 4 ①

글의 구조 파악하기
① 실내 ② 머리 ③ 넓은

어휘 문제

1 (1) '대피'의 뜻은 '위험을 피해 잠깐 안전한 곳으로 감.'입니다.
(2) '예측'의 뜻은 '미리 헤아려 짐작함.'입니다.

2 '기본자세나 동작 등을 되풀이하여 익힘.'을 뜻하는 '훈련'이 알맞습니다.

1 이 글은 지진이 발생했을 때 어떻게 대피해야 하는지를 설명하고 있습니다.

2 지진은 땅속의 힘에 의해 땅이 흔들리는 현상으로 지진이 심하게 일어나면 땅이 갈라질 수도 있습니다.

3 지진이 일어났을 때 건물 밖에서는 건물과 거리를 두고 떨어져서 걸어야 하고, 머리를 보호해야 합니다.

4 2문단에서는 지진이 일어났을 때 어떻게 대피해야 하는지를 설명하고 있습니다.

글의 구조 파악하기

지진이 일어났을 때, 실내에서는 튼튼한 탁자 아래로 들어가 몸을 보호해야 하고, 건물 밖에서는 머리를 보호하면서 이동하고 운동장이나 공원 같은 넓은 공간으로 대피해야 합니다.

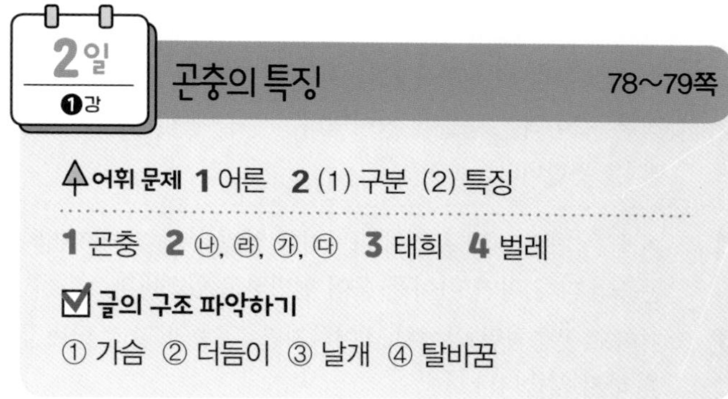

2일 ❶강 곤충의 특징 78~79쪽

어휘 문제 1 어른 2 (1) 구분 (2) 특징

1 곤충 2 ㉯, ㉱, ㉮, ㉰ 3 태희 4 벌레

글의 구조 파악하기
① 가슴 ② 더듬이 ③ 날개 ④ 탈바꿈

어휘 문제

1 '어른벌레'는 '다 자라서 자기와 닮은 생물을 태어나게 할 수 있는 곤충.'을 말합니다.

2 (1) '일정한 기준에 따라 전체를 몇 개로 갈라 나눔.'을 뜻하는 '구분'이 알맞습니다.
(2) '다른 것에 비해 특별히 달라 눈에 띄는 점.'을 뜻하는 '특징'이 알맞습니다.

---

1 이 글은 벌레 중에서 곤충이 지닌 특징을 설명하고 있습니다.

2 곤충은 알에서 태어나 애벌레로 자라고 번데기를 거쳐 어른벌레가 되는 탈바꿈을 합니다.

3 곤충은 머리에 1쌍의 더듬이가 달려 있습니다. 몸은 머리, 가슴, 배의 세 부분으로 나누어져 있습니다. 다리는 3쌍이니까 개수로는 6개입니다

4 벌레는 곤충뿐만 아니라 달팽이, 거미, 지네, 지렁이 등 곤충이 아닌 작은 동물들을 모두 가리키는 말이라고 했습니다.

글의 구조 파악하기

곤충은 몸이 머리, 가슴, 배의 세 부분으로 나뉘어 있고, 머리에 1쌍의 더듬이가 있습니다. 다리는 3쌍이고, 대부분 날개가 있으며 탈바꿈을 합니다.

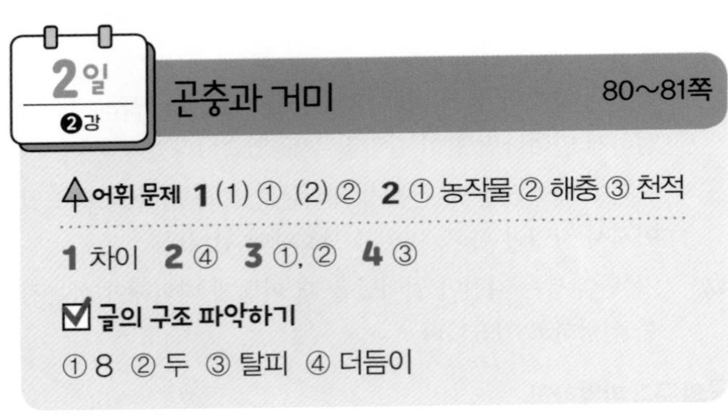

어휘 문제

1 (1) 이로운 것은 이익이 되는 좋은 것이고, 피해를 주는 것은 해로운 것입니다.
(2) 병드는 것은 몸에 병이 생기는 것입니다.

2 '농작물'은 '논밭에 심어 가꾸는 곡식이나 채소.'를 뜻하고 '해충'은 '인간의 생활에 해를 끼치는 벌레.'를 뜻합니다. '천적'은 '잡아먹는 동물을 잡아먹히는 동물에 맞대어 이르는 말.'을 뜻합니다.

---

1 이 글은 거미가 왜 곤충이 아닌지를 알려 주기 위해 거미와 곤충의 다른 점인 '차이'를 들어 설명하고 있습니다.

2 거미도 곤충처럼 알에서 태어나지만, 곤충과 달리 탈바꿈을 하지 않습니다.

3 촉지는 더듬이다리라고도 하는데, 거미의 입 양옆에 있고 길이가 짧다고 했습니다.

4 ㉠에서 말하는 '둘'은 이 글에서 비교하고 있는 거미와 곤충을 말합니다.

글의 구조 파악하기

거미는 곤충과 달리 다리가 8개이고, 몸이 두 부분으로 나뉘며, 탈바꿈을 하지 않고 탈피를 합니다. 더듬이와 날개가 없습니다.

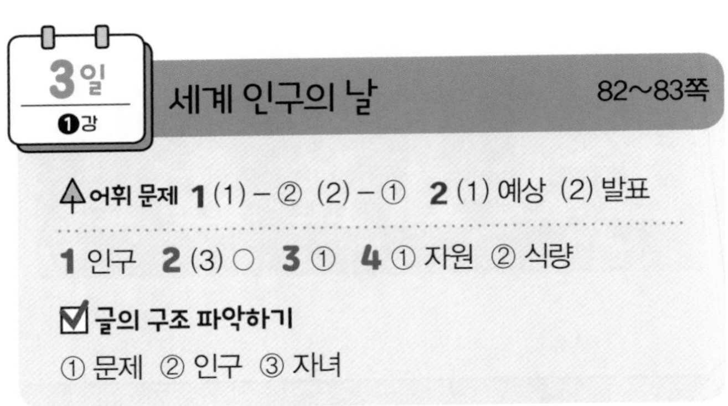

어휘 문제

1 (1) '자원'은 '광물, 수산물 등과 같이 사람이 생활하거나 경제적인 생산을 하는 데 이용되는 재료.'를 말합니다.
(2) '식량'은 '사람이 살아가는 데 필요한 먹을거리.'를 뜻합니다.

2 (1) '앞으로 있을 일이나 상황을 짐작함.'을 뜻하는 '예상'이 알맞습니다.
(2) '어떤 사실이나 결과, 작품 따위를 세상에 널리 드러내어 알림.'을 뜻하는 '발표'가 알맞습니다.

---

1 이 글은 세계 인구가 늘어나면서 생기는 문제와 이 문제를 해결하기 위한 노력에 대해 설명하고 있습니다.

2 세계 인구는 1989년에 50억 명을 넘었고 2022년에 80억 명을 넘었으며 앞으로도 늘어날 거라고 했습니다. 세계 인구의 날은 7월 11일입니다.

3 포스터 내용처럼 자녀를 둘만 낳자고 한 것은 우리나라의 인구가 빨리 늘어나던 1970년대와 1980년대에 벌어진 일입니다.

4 자원, 식량, 환경 오염을 생각했을 때 인구가 너무 많이 늘어나면 안 된다고 했습니다.

글의 구조 파악하기

세계 인구가 늘어나면 자원과 식량이 부족해지고 환경이 오염되는 문제가 발생할 수 있습니다. 인구 문제를 해결하기 위해 세계 인구의 날이 만들어지고, 자녀를 한두 명만 낳자는 운동이 벌어지기도 했습니다.

3일 ❷강 우리나라 아기의 수가 줄고 있어요 84~85쪽

어휘 문제 1 (1) 지원 (2) 부양 2 살림

1 줄어들 2 (2) ○ (3) ○ 3 적다는 4 영호

글의 구조 파악하기

① 일 ② 부양 ③ 돈 ④ 시설

어휘 문제

1 (1) '지지하여 도움.'은 '지원'의 뜻입니다.
(2) '생활 능력이 없는 사람의 생활을 돌봄.'은 '부양'의 뜻입니다.

2 '살림'은 '국가나 집단의 재산을 관리하고 경영하는 일.'을 뜻합니다.

1 이 글은 우리나라의 인구가 줄어드는 문제를 이야기하면서 그 해결책을 설명하고 있습니다.

2 나라에서는 젊은이들이 결혼하여 아기를 많이 낳도록 하기 위해 아기를 키울 때 필요한 돈을 지원해 주거나, 부모님이 일을 잠시 쉬면서 아기를 돌볼 수 있게 해 주고, 아기를 돌보아 주는 시설을 늘리는 노력을 하고 있습니다.

3 태어나는 아기의 수가 죽는 사람의 수보다 적을 때 인구가 줄어듭니다.

4 '저출산 고령화'는 아이와 젊은이가 적어지고 노인이 많아지는 것을 말합니다. 젊은이의 수가 줄어들면 일할 수 있는 인구도 줄어든다고 했습니다. 노인의 수가 많아지면 이들을 돌보기 위해 젊은이들이 어려움을 겪을 수 있다고 했습니다.

글의 구조 파악하기

인구가 줄어들면 일을 할 수 있는 인구가 줄어 나라 살림이 어려워지고 젊은이들이 많은 노인을 부양해야 하는 어려움이 생길 수 있습니다. 이 문제를 해결하기 위해서는 젊은이들이 아기를 많이 낳을 수 있도록 나라에서 아기를 키울 때 드는 돈을 지원하거나 아기를 돌보아 주는 시설을 늘려 주어야 합니다.

색칠하는 도구를 알아보아요 86~87쪽

어휘 문제 1 (1) ① (2) ① 2 (1) 도구 (2) 광택

1 색칠 2 (2) ○ (3) ○ 3 색연필 4 연필

글의 구조 파악하기

① 크레파스 ② 색연필

어휘 문제

1 (1) '덧칠하다'는 '칠한 데에 겹쳐 칠하다.'를 뜻합니다.
(2) '친숙하다'는 '친하여 익숙하고 허물이 없다.'를 뜻합니다.

2 (1) '도구'의 뜻은 '일을 할 때 쓰이는 기구. 또는 연장.'입니다.
(2) '광택'의 뜻은 '표면이 매끄러운 물체에서 반사되는 반짝이는 빛.'입니다.

1 이 글은 색을 칠하는 색칠 도구로 크레파스와 색연필에 대해 설명하고 있습니다.

2 색연필은 크레파스보다 심이 단단해서 쉽게 부러지지 않는다고 했습니다.

3 좁은 공간을 색칠할 때는 심이 가는 색연필을 사용해야 합니다.

4 색연필은 연필과 비슷하게 생겼습니다. 그리고 처음 글씨 쓰기를 배울 때는 연필이라는 도구를 사용합니다.

글의 구조 파악하기

크레파스는 광택이 나고 가루가 날리지 않으며 부드럽게 칠해지고 덧칠할 수도 있습니다. 색연필은 심이 단단해서 잘 부러지지 않으며 심이 가늘어서 좁은 공간도 색칠할 수 있습니다.

만들기 재료를 찾아보아요 88~89쪽

어휘 문제 1 (1) 우유갑 (2) 페트병
2 (1) – ① (2) – ②

1 만들기 재료 2 (1) ○ (2) ○ 3 자연물 4 ①

글의 구조 파악하기

① 종이 ② 재활용품 ③ 자연물

어휘 문제

1 (1) '우유갑'은 '우유를 담아 두는 갑.'입니다.
(2) '페트병'은 '음료수를 담는 가볍고 깨지지 않는 일회용 병.'입니다.

2 (1) '자연물'은 '자연에 있는, 저절로 생긴 물체.'를 말합니다.
(2) '재활용품'은 '고치거나 새로 만들어 다시 쓸 수 있는 물건.'을 말합니다.

1 이 글은 우리 주변에서 찾을 수 있는 만들기 재료를 소개하고 있습니다.

2 우유갑과 페트병은 재활용품입니다.

3 타조를 만드는 데 사용한 솔방울과 나뭇가지는 자연물입니다.

4 꽃잎은 집 마당 또는 집 주변 공원이나 산책로 등에서 쉽게 볼 수 있는 자연물입니다. 우유갑, 유리병, 과자 봉지는 재활용품에 속합니다.

글의 구조 파악하기

종이접기의 재료는 종이입니다. 우유갑, 페트병, 유리병, 과자 봉지 같은 재활용품이나, 나뭇가지, 나뭇잎, 꽃잎, 솔방울 같은 자연물도 만들기 재료가 될 수 있습니다.

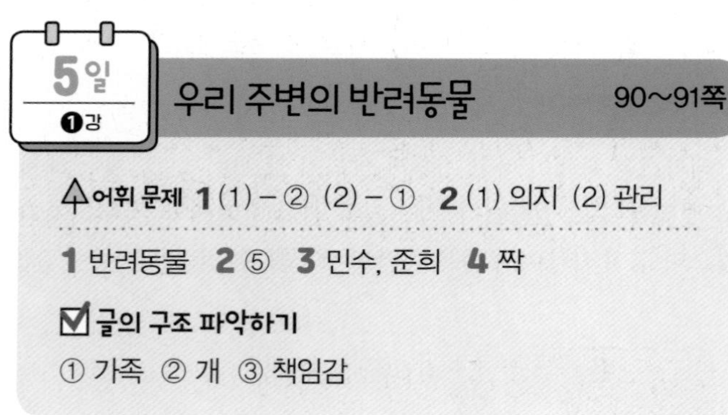

5일 ❶강 우리 주변의 반려동물 90~91쪽

어휘 문제 1 (1) – ② (2) – ① 2 (1) 의지 (2) 관리

1 반려동물 2 ⑤ 3 민수, 준희 4 짝

글의 구조 파악하기

① 가족 ② 개 ③ 책임감

어휘 문제

1 (1) '책임감'의 뜻은 '맡아서 해야 할 임무나 의무를 소중히 여기는 마음.'입니다.
(2) '구성원'의 뜻은 '어떤 조직이나 단체를 이루고 있는 사람.'입니다.

2 (1) '의지'는 '다른 것에 마음을 기대어 도움을 받음.'을 뜻합니다.
(2) '관리'는 '사람의 몸이나 동식물 따위를 보살펴 돌봄.'을 뜻합니다.

1 이 글은 반려동물의 뜻, 종류, 반려동물을 대하는 마음가짐 등을 설명하고 있습니다.

2 동물의 종류에 상관없이 사람과 더불어 살아가는 동물은 다 반려동물입니다. 집에서 키우는 물고기도 반려동물이라고 했습니다.

3 반려동물은 가족 같은 존재이므로, 어린아이를 돌보듯이 정성껏 돌보아 주어야 한다고 했습니다.

4 반려동물은 사람과 함께 짝을 이루어 살아가는, 가족이나 친구 같은 존재입니다.

글의 구조 파악하기

반려동물은 친구나 가족 같은 존재입니다. 반려동물의 대표적인 종류에는 개와 고양이가 있습니다. 반려동물을 기를 때는 책임감이 필요합니다.

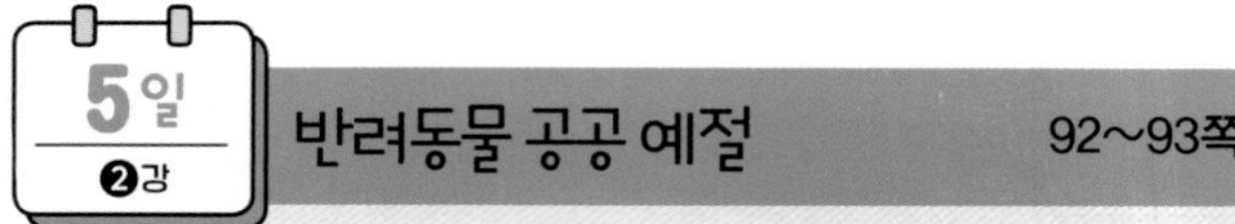

5일 ❷강 반려동물 공공 예절 92~93쪽

어휘 문제 1 보호자 2 (1) 주의 (2) 배변

1 예절 2 ① 3 (2) ○ (3) ○ 4 가까이

글의 구조 파악하기

① 목줄 ② 배변 ③ 소리 ④ 눈

어휘 문제

1 '어떤 사람을 보호할 책임을 가지고 있는 사람.'을 뜻하는 말은 '보호자'입니다.

2 (1) '주의'는 '마음에 새겨 두고 조심함.'을 뜻합니다.
(2) '배변'은 '대변을 몸 밖으로 내보냄.'을 뜻합니다.

1 이 글은 반려동물을 기르는 사람과 반려동물을 기르지 않는 사람 모두가 지켜야 할 예절을 설명하고 있습니다.

2 보호자와 산책하는 반려동물을 보았을 때, 보호자의 허락 없이 먹이를 주면 안 됩니다. 또한 반려동물의 눈을 계속 쳐다보거나, 소리를 지르거나 반려동물을 향해 뛰어가면 안 됩니다. 보호자의 허락 없이 반려동물을 만져도 안 됩니다.

3 반려동물과 외출할 때 반드시 목줄을 채워야 한다고 했습니다.

4 실내 공간에서는 반려동물을 안고 있어야 하지만, 반려동물이 커서 안을 수 없다면 목덜미 부분의 목줄을 잡아 보호자가 동물 곁에 가까이 붙어 있어야 합니다.

글의 구조 파악하기

반려동물을 기르는 사람은 반려동물과 외출할 때 목줄을 채우고 배변 봉투를 챙겨야 합니다. 반려동물을 기르지 않는 사람은 반려동물을 보았을 때 갑자기 소리를 지르면 안 되고, 반려동물의 눈을 계속 쳐다보아도 안 됩니다.

4주 마무리 학습 94쪽

	❶ 주				② 피	❸ 해
	① 의	❷ 지				충
		③ 대	❹ 비			
❺ 도			상			
④ 구	분					

4주 완성

독해력

정답과 해설